子育てを感動にする

おもちゃと絵本

藤田　篤

ゆいぽおと

プロローグ

愛知県刈谷市というところで、おもちゃと絵本の店「カルテット」を始めてから十年がたちました。今でこそ、おもちゃ屋とわかってもらえるようになりましたが、開店当時は、店の前を通る人からさえ「ここは保育園？　何だろう？」と思われていたようでした。ドイツのおもちゃは珍しく、「おもちゃ屋です」といっても、キャラクターの商品はない、ゲーム機はない。「絵本屋です」といっても絵本のスペースがわずか三坪では、わかってもらえないのも仕方がなかったと思います。

私が絵本の仕事を始めたのは、今から二十数年前のことです。長男が生まれたのとほぼ同時に絵本の販売の仕事を始めました。いろいろな幼稚園、保育園に新しい絵本、セットになった絵本を紹介して回る仕事です。

当時の私のお客様は絵本の研究や勉強にとても熱心でした。たくさん絵本を買っていただきましたが、買うだけでは満足しないのです。もっと絵本のことを勉強したい、読み聞かせのことを勉強したい、みんなで勉強したいのです、と、あっちでもこっちでも、言われるようになりました。

そして「藤田さん、あの先生をお招きして勉強できないだろうか」「あの絵本作家さんのお話を、みんなで聞かせていただけないだろうか」と、次から次にご相談いただきました。そのたびに講師の先生を最寄の駅までお迎えにあがり、会場までお連れして、最初から最後まで、一緒にお話も聞きました。毎月のように、あちらの勉強会、こちらの勉強会で、専門家をお招きしては絵本の話を聞き、学ばせていただきました。

そんなある日、あるお客様（園長先生）から、「藤田さん、よい絵本を売るなら、絵本だけじゃなく、こういうよいおもちゃも紹介してよ」と言って、小さな木のおしゃぶりを差し出されました。それが、私のおもちゃとの出会いでした。美しいフォルムで、その手の中に入っていたのが、スイス・ネフ社の「ティキ」というおしゃぶりでした。そのことをきっかけにして、おもちゃの販売も手がけるようになりました。そして、おもちゃの専門家をお招きしておもちゃの勉強会も始めました。

私は大学で、フロイトから始まる発達心理学を学びました。ピアジェ、ヴィゴツキーなどは、「実験心理学」ともいわれ、科学的に検証する方法を用いる心理学でした。ちょうど長男が小さかった私は、家に帰ると、子どもたちで学んだことを「実験」するようになりました。勉強会で、「こうしたらいいですよ」と聞いてきたことを聞いてきた通りに、わが家でもやってみようと思ったのです。子育てを始めるとき、妻ともよく話し合いました。学んでくるたびに、「こんないい話を聞いてきたよ」「こんなことを学んだよ」と伝えて、やってみることにしました。そして、「よい」といわれることを「その通りにやってみる」。こういう子育てを、この二十年余り続けてきました。

わが家には、五歳離れた二人の息子がいます。二人は性格も気質も全く違います。長男は比較的穏やかな性格で、一人でいつまでも遊んでいられる。そして、気遣いが細かい。次男は積極的な性格で、ちょっと大胆。友だちと一緒にいるのがとにかく楽しい。そんな二人のわが子で、絵本について、おもちゃについて、子育てについて実験しました。よいと思う絵本とおもちゃは、いわば「惜しみなく」与えながら、実験を続けてきました。

ある勉強会では、こんなことを学びました。「絵本は、文章で書いてあることを書いてある通りに読めばいいのです。子どもが間違ったことを言い返してきても、否定しなくても大丈夫」と。わが子が赤ちゃんだったときには、それが何のことをいってるのか、ピンときませんでした。本当かな?とも思いました。「文字の読み方は子どもに教えなくても大丈夫。絵本はいつまででも、大人が読んであげてくださいね」これも初めて聞いたときにはすぐには、わかりませんでした。でも私は「よい」と思ったことは、信じて実行することにしていたので、言われた通り、子どもたちに実践しました。それを、子どもたちが大きくなるまで続けました。続けてみて、本当のことだったんだ、こういうことだったんだ、とわかりました。やってみて確信したわけです。

そして、一緒に絵本の勉強をしている保育園の先生方とも、学んだことを実験的に検証しました。子どもたちの様子を観察し、何年も時間をかけて確かめてきました。わが家も、絵本とおもちゃは充実していますが、一緒に勉強を続けてきている保育園の絵本とおもちゃは、もっと充実していました。ある園長先生はこうおっしゃっていました。「保育園でこそ、子どもたちに、よいおもちゃ、本物のおもちゃで遊ばせてあげなくてはいけないんですよ」と。その結果いろいろなことがわかりました。「本物の絵本」体験とは何か。子どもにとって「よいおもちゃ」とは何か。

いつのまにか、一緒に勉強している保育園や幼稚園での子育て講演会で、「絵本の与え方」や「おもちゃの与え方」の講演をしてほしい、と頼まれるようになりました。学んできた絵本についての話、おもちゃについての話をさせていただくようになりました。そして、私の子育ての実践のなかからのエピソード、ときには失敗談も惜しげなく語りました。講演を終えるとたくさんの方が、絵本に目覚め、おもちゃに目覚め、「今晩から絵本を読み聞かせます」「どうやって選んで、読んであげたらいいかわかりました」「おもちゃの選び方、与え方がわかりました」と言ってくださいました。

ところが、続けてこんな質問をいただくようになったのです。「その絵本、どこで買えばいいですか？」「そのおもちゃ、どこで売っていますか？」と。そして、気づいたのです。いつでも、よいおもちゃや絵本と出会える場所、選べる場所が子育てには必要なんだ、と。こうして、その想いを形にしたのが「おもちゃと絵本のカルテット」なのです。

わが子の実験と実践。そして保育現場での研究、検証のなかで確かめてきたことを、この本にまとめました。それは、子育てが感動になる方法なのです。おもちゃと絵本で感動的な子育ての体験を、あなたも手に入れていただきたいと思います。

子育てを感動にするおもちゃと絵本　もくじ

一　子どもにとって絶対的に必要なこと

精神分析家エリクソンに学ぶ

二十世紀にエリクソンという心理学者がいました。精神分析家でもあります。エリクソンは、人間がいかにして育っていくかということについて、生まれてから生涯を終えるまでを体系的に整えた人といえるでしょう。エリクソンから直接学ぶのは難しいことですから、ここでは、児童精神科医・佐々木正美先生の『子どもの心が見える本―再びエリクソンに学ぶ―』（子育て協会）を参考にして、子どもにとって絶対的に必要なこととは何かを考えてみましょう。

基本的信頼

〇歳、一歳の子育てになくてはならないもの、赤ちゃんに育てなくてはならないもの、それは、「基本的信頼」です。家を建てるときには、屋根や壁からではなく、土台から作りますね。土台をしっかり作らないと、家は倒れてしまいます。人間にとっての土台が、基本的信頼なのです。それは人を信じる力、そして自分を信じる力です。この自分を信じる力が育っていないと、いつも不安になります。人も、自分も信じられなくなってしまうのです。

では、基本的信頼を子どもの心に育てるには、どうすればいいのでしょう。一言でいえば、「子どもがしてほしいことを喜んでしてあげること、それをひたすら続けること」です。赤ちゃんには、そんな大人の存在が必要なのです。ただ、お世話をすればよいのではありません。「喜んで」してあげることが大切なのです。この時期の赤ちゃんが、してほしいこととはなんでしょう。たとえばおむつを替えてほしい、眠いときにあやしてほしい、つまり生理的な欲求がほとんどです。赤ちゃんですから、自分では何もできず、大人にしてもらわざるを得ない存在です。だから、大人はお世話をしてあげます。実はこのとき赤ちゃんは、お世話をしてもらいながら、この人は「喜んで」私のためにお世話をしてくれているだろうか、ということを感じているのだというのです。

託児のボランティアの方々は、喜んで子どものお世話をしてくれます。だからボランティアなのです。喜べない人はボランティアをそうそう続けたりはしませんね。でも、自分の子と向き合うとき、母になったときに、お世話することを「いつも」喜んでいることができるでしょうか。人間ですから疲れているときもあります。パートナーともめることもあります。いろいろな理由で、落ち込むこともあります。仕事に対して不安になることもあります。目の前の、この子の気持ちがわからないでとまどうこともありまます。夜泣きして、寝かせてもらえなくてイライラすることもあります。向き合う瞬間、瞬間に自分が母親として、父親としてベストではなかったとしても、わが子には、心から喜んで向き合う。目を向ける。心を向ける。言葉が通じていないように思えても、語りかけてあげるのです。親としてベストではないと思えても、それはそれでいいのです。自分の体調が悪いとか、もしかしたら、自分の子が可愛く感じられないとしても、そんな自分を認めた上で、心から喜んで「あなたがしてほしいことは何でもしてあげましょう」という気持ちで赤ちゃんと向き合うのです。

一九九二年の十一月、長男は生まれました。今は成人した息子も、そのときはまるで掌の中に納まりそうなほど小さな姿で、私の目の前に現れました。妻のおなかの中で、とつきとおか（十月十日）、育っていたわが子が、産みの苦しみを経て世に生まれ出た瞬間でした。私の心には、この小さな赤ちゃんへの尊敬の気持ちが溢れてきました。出産は母親にとって文字通り産みの苦しみですが、生まれてくる赤ちゃんにとっても生まれる苦しみなのです。母と子が命がけの瞬間を、ともに生きるために乗り越えるのが出産なのです。産んでくれた妻への感謝とともに、生まれてきた子どもへの感謝と尊敬は、それ以来どんなときにも忘れたことはありません。「生まれてきてくれてありがとう。君がいることが、私の喜び。君を心から尊敬するよ」

生まれてきたばかりのわが子は、見た目には決して可愛かったわけではありません。でも、わが子は可愛い。親って不思議です。可愛いのが当たり前なのです。新米の父親の私は、親としての自分に自信がないとか、その日仕事で怒られてしまったとか、うまくいかないことがいろいろあります。でも、そのことが親としてふさわしいとかふさわしくないとかということではないのです。今、気づいていただきたいのは、あなたがこの本を読んでいるということは、すでにあなたが子どもへの愛情をもっているということです。そしてそれは、親として十分に資格があるということなのです。もし親としての自信がないと思われていたとしても、心配しすぎないでください。「喜んで、その子がしてほしいことをしてあげること」を心がけてください。赤ちゃんが生まれたら、親になるのではありません。赤ちゃんと一緒に、赤ちゃんの成長とともに親になっていくのです。ゆっくり時間をかけて親になればいいのです。

たとえば赤ちゃんの顔を見る。パートナーの顔を見る。これだけで元気になれます。では、赤ちゃんはどうでしょうか。お母さんの、またはお世話している人の顔を見ているのです。そして心から喜んでお世話をしてくれているかどうかを見ています。毎日それを続けているのです。これがとても大切なことなのです。喜んでしてあげる姿を見せてください。赤ちゃんに向かって「喜んでいるよ」という信号を出すのです。そこがあなた自身が大人になること、親になることなのです。子どものために喜んで「あなたのために私はいるのよ」と発信してあげてください。この原理原則を絶対に忘れないで、思春期、青年期まで続けていくことです。

実は、この子育てに「手遅れ」はありません。たとえ赤ちゃんのときにしっかり向き合うことができなかったとしても、親子の関係はいつでも「今」の連続です。子どもが小学生になろうと、大学生になろうと、同じなのです。基本的信頼の関係は、いつでも子どもから形を変えて求められるのです。もし、あなたのお子さんが大きくなっていて、基本的信頼を築けていないように思えるのなら、今からでも間に合うのです。子どもの年齢が大きくなれば、子どもからの要求の姿かたちや関わり方は変わります。でも、土台は土台。地面を掘って杭を打つように親子で向き合い、「あなたがしてほしいことは私が喜んでしてあげるよ」というメッセージを送り続ければいいのです。

年齢がいくつになっても、親子の関係の基本は変わりません。「あなたは何もできなくてもいい。私の前にいてくれることが感謝です。あなたがしてほしいことを私は喜んでしましょう」と。

感受性の土台

ロバート・エムディという人がいます。子どもの成育を観察する膨大な、壮大な研究をアメリカ政府の国家予算の下で取り組んだ乳幼児精神医学の研究者です。その研究は、赤ちゃんが生まれてから、その後、幼児期、学童期、思春期、青年期にいたるまでその成長を、それも多くの子どもの成長を観察し続ける、という気の遠くなるようなものでした。子どもたちの成長を追い続けた膨大な観察を続けていたところ、なかには、十代になって非行や犯罪を犯す子どもたちが現れてきました。今度は、その非行や犯罪を犯した子どもたちの生い立ちを逆にさかのぼり、資料を見直し、傾向や共通点を見るということをしたのです。その結果エムディは、子どもたちが生後六か月から一歳六か月の間に「見守られていたか」どうかが、子どもたちを非行に向かわせるか、向かわせないかを決定付けていた、と言ったのです。この研究はその後各国で検証され、裏付けられて今日に至っています。その「見守る」とは、何なのでしょうか。

一歳の赤ちゃんを想像してください。壁を全部真っ白にした、何もものがない、空っぽの部屋を用意します。はいはいできる赤ちゃんとお母さんが部屋に入り、赤ちゃんに見えるように真ん中にタバコの燃えさしを火がついた状態で鉄の灰皿にのせて置きます。お母さんは端に座って子どもを見ています。すると赤ちゃんは、興味をもってはいはいしていきます。その赤ちゃんは何をするでしょう。そのまま、灰皿に手を伸ばすことはしないのです。必ず、お母さんを振り返るのです。程度の違いはあれ、必ず振り返ります。はいはいができるようになり行動範囲が広がる時期です。好奇心が芽生え、探索行動が始まり、動き回るようになります。でも、何かあると、必ず振り返って確かめます。振り返ったところに自分を見守ってくれる大人の姿を確認します。見守ってくれているかどうか、その「視線」を確かめるのです。

エムディの研究によると、非行や犯罪を犯した子どもたちは、ほぼすべてこの時期、振り返ったときに存在するべき大人がいなかったというのです。振り返ったときに、お母さんが見守ってくれているという安心。その表情が優しければ、それはしていいことなのだ、と安心して前に進む。その表情が険しければ、自分にとってよくないことなのだ、と感じて、どうしよう、と考えるのです。見守ってくれている、その安心がほしい。だから、目を見て確かめるのです。目を見て、そのメッセージを感じます。僕がしようとしていることは、安全なの？　危険なの？　していいことなの？　してはいけないことなの？　という意味や価値を感じるのです。見守られる安心感がほしいので、親の目を見る。そして、親の気持ちを理解するようになる。これが、エムディのいう、「感受性が形作られていく」姿なのです。

人は、善悪も独断では判断しないように、大人の価値観を受け継ぐように生まれてきているのです。寄り添っている大人が、してもいいこと、してはいけないことを判断してくれる、その価値観を教えてくれているということです。その価値観を受け止める感受性は、まるで方位磁石がいつでも北を指すように、子どもの心の奥底で、見守ってくれた大人の方を指し続けることになるのです。

ところが、最近子育て支援センターや保育園の先生が、子どもたちが「見守られて」いないことで心配しています。子どもたちが「ねえねえ、ママ」と振り返っているときに、当のママは、スマホや携帯に夢中で振り向いてくれないというのです。スマホや携帯が一概に悪いといっているわけではありません。子どもが振り返ったときに、見つめる目を、振り返る気持ちの準備をしておいてほしいのです。これが、子どもの感受性を決めることです。これが親子の間には絶対的に必要なものです。目と目を見つめ合ってほほ笑みあう。なんとなくしているようですが、実はそういう積み重ねの豊かさが、その子の生き方を決めているのです。

赤ちゃんは言葉で気持ちを伝えてはくれません。何も言ってくれないのです。でも、何もわかっていないのではなく、その敏感な感覚を総動員して大切なことを感じ取ろうとしているのです。この時期に親が注ぐ愛情がすべて、体の隅々にいきわたるということなのです。その子が五十歳に、あるいは六十歳になろうというころ、もしかしたら親はもう生きていないかもしれませんが、その子の心のなかで生き方を決定づけているのです。

※エムディは、振り返ったときに、見守られていることで感じる幸せな感情を「ソーシャルリファレンシング」(social referencing＝社会的参照）と呼びました。

楽しいことの自己決定を重ねる

巷では、二歳の時期を「魔の二歳」ということがあります。二歳になると、なんでもイヤイヤだったり、お友だちにおもちゃを貸さなかったりして確かにしつけは大変です。でも大変だから「魔の二歳」かというと、そうではありません。この時期は子どもの自律性を育てる大切な時期なのです。自律性というのは、自分で自分をコントロールする力、いわば自制心です。その自律性を育てるために、この時期の子どもに経験させるべきことがあります。それは「楽しいことの自己決定」です。

公園デビューや支援センターデビューだったり、いろいろな場所で少しずつお友だちと過ごす機会が増えるようになります。お友だちと一緒に過ごすようになると、お互いに相手が遊んでいるおもちゃに興味がわきますね。お友だちがわが子のおもちゃに興味をもってくれているので、わが子に「お友だちにおもちゃを貸してあげたら？」と言ってみるわけです。そこでわが子はどうするか。なかなか、お友だちにおもちゃを貸してあげないとしましょう。今にも取り合いになりそうです。そうなってしまったら、その次にどうしますか？　わが子によくよく言って聞かせて、おもちゃを取り上げて友だちに渡す。それはよくある光景かもしれません。

「お友だちと仲良くする」子どもに育ってほしいと思います。それゆえに、わが子が貸したくないおもちゃを取り上げてお友だちに貸してしまいがちなのですが、これは自己決定ではないのです。本人の意思であればいいでしょう。でも本人の意思でなければ、基本的に、これをしてはいけないということなのです。いずれはお友だちと仲良く遊べるようになるのですが、手っ取り早く大人の思う通りにし過ぎてはいけないのです。「喜んで」お友だちと遊べるようになるのが自律性です。お友だちと同じおもちゃ、一つのおもちゃで遊ぶとき、お友だちを咬んだり叩いたりせずに遊べるようになるのが、自制心です。実は、自律性を育てるために、親がするべきことは、待つことなのです。「お友だちに貸してあげたら」ということは、伝えてあげてください。でも、本人が嫌ならば、その嫌な気持ちを受け止めてあげる。親がしてほしいことを伝えて、そのうえで本人が自己決定することを認めること。親の言う通りにできないからといって、代わりに親がしてしまってはいけないのです。待つことが大切なのです。

場合によっては、お友だちが使っているものばかりに興味をもつこともあり、取り合いになりかねません。ですから、自己決定できる選択肢を増やしてあげればよいのです。この時期は、気持ちを切り替えるためにも、お友だちと仲良く遊べるようになるためにも、よいおもちゃと遊び、絵本が必要です。二歳、三歳の子どもたちにとって、楽しいことの自己決定できる材料が少ない、生活のなかに子どもがやりたいということがあまりにも少ないのです。ですからこの時期が来る前に、よいおもちゃ、大好きなおもちゃを用意し、遊ぶ力を育てておくことをおすすめします。

テレビやアプリに頼る、これはとても危険ですね。テレビやアプリの強すぎる刺激は、集中力を育ちにくくし、子どもを不安定にします。絵本、おもちゃなど、楽しいことの五つや十は、二歳の子にちょうどよいものが用意できるのです。手間をかけて用意しなくてはいけないとしても、自律性を育てるためには「よい遊びの選択肢」が必要なのです。野球のピッチャーは、勝負できる球種がストレートだけよりも、カーブもあり、シュートもあり、と球種が多いほうが勝つための選択肢が多いのと同じです。遊びの経験が少ない二歳だからこそ、楽しいことをたくさん用意してあげてください。そして、選ばせてあげるのです。

しつけは、おもちゃのことばかりではありません。トイレトレーニングも、「待つこと」です。「こうできたらいいね。でも、できなくても待っているからね」いずれ、自らできるときがやってきます。とても長く感じるかもしれませんが、必ずそのときはやってくるのです。待ってあげてください。それが、「自らをコントロールする」自制心を　そして自律性を育てるのです。

二歳は、心も体も育つ大切な時期、よい遊びとおもちゃが少ないと、子どもがかわいそう？　いえ、子どもだけがかわいそうではなくて、親もかわいそうなのです。いつも、「魔の二歳児」を恐れ、まして、子どもと遊べるものがなくては、親も楽しくありません。本来、子育ては楽しいものです。手がかかる時期、うんちを拭いてあげたりする時期こそ、お世話する子育てを楽しまなければ損です。たった五、六年しかないのです。待ってあげてください。必ず「できる」ようになってくれるのです。大切なのは、早くできるようになることではなく、いかにして、「自分から」できるようになるか、です。見守ってあげてください。十五歳にもなれば、男の子でも、父親と一緒にお風呂に入るのを嫌がる子もいます。なんて寂しい！　手がかかる時期、子育ては大変ですが、そんな楽しい時期はそれほど長くはありません。

根拠のない自信をもつ

次に育てたいのが、自己肯定感です。字が書けるから、読めるから自信がある。百点を取れるから……何かできることがあるから……というのが自信ですが、それは、「根拠」のある自信。英語で挨拶ができるから、プールで二十五メートル泳げるから自信がある。こういう自信には根拠がありますね。「根拠のある自信」ではなく、何もできなかったとしても自信がある「根拠のない自信」を育てられるか、ということです。

「根拠のない自信」とは、あなたが何もできなくても、私は、あなたのことが大好きですよという大人から子どもへ送るメッセージのことです。しかってはいけないというのではありません。たとえ、しかられたとしても、失敗したとしても絶対に私はあなたを見捨てませんよ、ということです。このような根拠のない自信で、子どもの心をたっぷり満たしてあげないといけないのです。どんなことがあろうと「あなたの人生は間違いなくハッピーよ」ということです。

『ぞうのババール』というフランスの絵本があります。この絵本の作家ブリュノフのことを紹介しましょう。ブリュノフの自分の子どもたちへのメッセージについてです。

彼は三十七歳の若さで世を去りました。三十歳を過ぎたときにはすでに不治の病に冒され、命が失われることを知っていたそうです。もう、これ以上は父親として、まだ幼かった三人の子どもたちのそばにいてあげることができないと知っていながら、ババールの物語を描いたのです。だからこそ、ババールの物語は底抜けにハッピーです。まるですべての世界が、主人公ババールを中心にまわっているかのようです。

「僕のために世界はあるんだ」ババールは物語のなかでそういう生き方をしています。

思ったことはすべてかなう。僕はハッピーになるんだ、ということなのです。この物語を読んでもらっていたブリュノフの子どもたちの、現実の世界が必ずしもそうだったとは思いません。父親との死別の悲しみもありました。食べものに困っていた時期もあったかもしれません。でも、空想の世界、物語は「お腹いっぱいになるお話」を語ることができるのです。今の子どもたちに、なぜ絵本の読み聞かせをしてほしいのか？　それは、自己肯定感が育っていない子どもたちがあまりにも多いからです。塾に行くのもいい。習い事をするのもいいでしょう。でも、何点以上取らなければ「うちの子じゃない」かのように、子どもに思わせてしまうのはよくないのです。自己肯定感、どんなつらいときが訪れても、生きる希望を失わない「心の根っこ」を育ててほしいのです。

子どもたちは、けなげにも大人にどう見られるかで日々、一喜一憂しながら生きています。大好きな親に喜んでもらおうと一生懸命に生きています。ですから温かい目でおおらかに見守ってあげてほしいのです。

『ぞうのババール』
ジャン・ド・ブリュノフ　さく
やがわすみこ　やく
評論社

二　子どもは遊ばなければ成長できない

遊びで自ら育っていく

ロシアの言語学者で、ヴィゴツキーという人がいました。彼は子どもたちが遊ぶ様子に注目し、後に発達心理学の礎を築いた研究者です。彼ははじめ、「子どもはなぜ遊ぶのだろうか」というテーマで研究していたのだそうです。しかし、研究を進めるにつれ、「遊ぶこと」こそが子どもが成長するためには、なくてならない活動なのだ、と気づいていくのです。晩年彼は、「子どもはなぜ、遊ばなければならないのか」と言いかえるようになったといわれています。そして彼は言います。「遊びとは、子どもたちが、自分の能力の最近接領域の獲得のために活動するものなのだ」と。私が最初にヴィゴツキーに出会ったときには、これが何を意味しているのか全く理解できませんでした。もう少し説明が必要ですね。「最近接領域」とはいちばん近いところの次の段階ということです。ほんのちょっと先。寝返りからいきなり、走り始めることはない。寝返りの次ははいはいになる。はいはいから伝い歩きになる。伝い歩きから、ほんの数歩歩けるようになって、それからしっかり歩けるようになる。というようにちょっとずつ、というのが「最近接領域」です。そして、子どもたちは、「今」の成長段階の次に進むとき、「遊び」という方法を使って、自ら成長し育っていくのだ、というのです。

強い刺激はマイナス

〇歳から一歳ほど成長が著しい時期はありませんね。一生のなかでいちばん成長という変化が大きい時期です。運動能力が育ち、五感が育つ時期です。この時期に子どもたちは生きるすべを学び始めます。人間の五感は「見る」「聞く」「味を感じる」「匂いをかぐ」「触る」という五つですが、このうち最初に育つのは、どの感覚か、というと「聞く」なのです。「聞く」力は、お母さんのおなかの中からすでに始まっています。耳鼻科の先生によると、「おぎゃあ」と生まれたときには、すでに聞く力が百パーセント育っているそうです。人は、まず、耳で聞く力から育っていくのです。

赤ちゃんは、お母さんの羊水の中で育ちます。外の大きな音からお母さんのおなかによって、優しく守られているのです。お母さんの心音、お母さんの声、家族の声に親しみながらおなかの中で育っているわけです。

耳の感覚に限っていうと、生まれてくるということは強い刺激にさらされることになります。まるで、たくさん着込んでいた洋服を全部はがされて、裸で外に出されてしまったかのようです。ですから、大きな音、激しい音は赤ちゃんには禁物です。鳴り続ける音、それが音楽であっても赤ちゃんにはよくありません。赤ちゃんは敏感だからです。高速道路や列車の多い線路のそばにいると、小さな声は聞こえなくなりますね。話をするときも、大きな声で話さないとお互いに聞こえません。人は、大きな音に耳が慣れると、小さな音が聞き取れなくなるのです。赤ちゃんにとって心地よいのは、お母さんの心臓の鼓動、お母さんの声、お父さんの声なのです。ですから赤ちゃんの音の環境は、できるだけ人工的な刺激から守ってあげることを意識しましょう。

愛知県には、いくつか離島があります。しばらくの間離島の保育園の指導をさせていただいていたことがありました。お母さんたちに、こんなことを伺いました。島の家庭は漁師さんが多いのですが、夫婦で海に出ると海の音で声がかき消されるので、いつのまにか、陸に上がっても声が大きくなりがちなのだそうです。家でも、子どもたちに知らず知らず大きな声で話していたそうです。そして大きな声で話さないと子どもたちが言うことを聞かないと思い込んでいた、というのです。私の絵本の読み聞かせの指導を受けていただいた保育士さんたちが、普通の声量で絵本を読んでいるのに子どもたちがじっと聞き入っている姿を見て、「うちの子も、ちゃんと話を聞けるんだ」と喜んでいました。聞きたい気持ちを育てること、聞きたい楽しい話をしてあげることで、聞く力は育っていくのです。

ところが、子どもたちは強い刺激にまるで、吸い込まれるように、引っ張られていきます。一見集中していたり、よく見たりしているように見えても、本当は集中していない。強い刺激を浴びて圧倒されているだけなのです。

小さい音、静かな音は子どもたちの環境にとって、とても大切だということです。三歳、四歳になって「うちの子、全然親の言うことをきかないんです」という相談をときどき受けます。家庭の状況を詳しくおききしていくと、子どもが家に帰ってから夜寝るまでにテレビの消えている時間が、ほとんどないケースがありました。「子どもが起きている間、テレビを消してください」「一週間、試しにテレビを消してみましょうか」

これだけで落ち着いてくる子どもはたくさんいるのです。子どもにとっては強い刺激を受けることがマイナスになるということに、気がついていただきたいのです。そのときに、テレビを観られなくて親が大変とは思わないでくださいね。『おやすみなさいフランシス』という絵本をお手本にしましょう。なかなか眠れないフランシスを、お父さんは寝かしつけます。でも自分の時間、大人の時間も楽しむことを忘れてはいません。

フランシスが寝てから、お父さんは堂々とケーキを食べています。堂々とテレビも観ています。子どもが寝たら、大人の時間を楽しめばいいのです。「フランシス、おやすみなさい！」と言ってからね。

ベッドメリー

では、赤ちゃんの最初のおもちゃとして欠かせないベットメリーについて、どんなものがよいかといいますと、風で動く「モビール」です。電気で動くベッドメリーは、回転が速すぎるのです。赤ちゃんには、ゆっくりした動きを追うのが、ちょうどよいのです。風でゆっくり動くモビールは、速すぎません。このちょっとの速さが、ヴィゴツキーのいう「最近接領域」なのです。赤ちゃんが目で追えるわけです。このようにして見るという感覚が育っていくわけです。

この「少しだけ先＝最近接領域」を用意してあげることが、子どもにとっては楽しいことの連続になるわけです。子どもは未来を生きているのではなく、今日を生きているのです。今日の楽しい体験を用意してあげることが、発達的にもちょうどよい課題を用意してあげることになるのです。積木もたくさんからではなく、はじめは数ピースから

『おやすみなさいフランシス』
ラッセル・ホーバン　さく
ガース・ウィリアムズ　え
まつおかきょうこ　やく
福音館書店

与えて、少しずつ増やしていく。絵本も長いお話からではなく、短いお話から読み始めるというのが一連の流れになっていくわけです。

まず、おすすめしたいのは、ドイツ・ヘラー社の風でゆらゆら揺れるモビールです。ヘラー社は、親子三代で子ども部屋のインテリアをデザインしています。

抱っこして目線の少し上にモビールがくるように部屋につるしてあげましょう。こういうものがあると、赤ちゃんは見て、指をさして楽しむようになります。なかなか泣き止まないとき、寝付けないとき、気持ちをそらしてあげましょう。この気持ちをそらすというのも、赤ちゃんにとっては大事なのです。「ごまかし」てはいけないと、かたく考えすぎてはいけません。赤ちゃんは泣き始めたら何のために泣き始めたか忘れてしまうくらい、自分でもコントロールできないことがあるのです。ですから、上手に赤ちゃんの気持ちを和ませてあげられるもの、つまり、気をそらせるものを用意しておくといいのです。風で自然に揺れるゆらゆら具合が、赤ちゃんが最初に目で追うおもちゃとしてちょうどよいのです。

ヘラー社のモビール

音がするもの

初めて赤ちゃんに聞かせてあげる音は、優しい音、そして美しい音がよいです。音がするものであれば、手回しオルゴール。または、糸で引っ張るオルゴールがおすすめです。なぜでしょうか？　音が流れる時間が長すぎないのがよいのです。糸を引くオルゴールは、糸が戻ればオルゴールが終わり、手回しオルゴールは回し終われば終わる。赤ちゃんが集中できている時間だけ音が鳴る、というのがよいのです。ＣＤでは延々と音が流れ続けます。この時期の赤ちゃんの集中力はほんの数十秒です。その時間に合わせたものを用意するのがよいのです。それが子どもの聞く力を育てることにもなるのです。

スイス・キーナー社の手回しオルゴールは、赤ちゃんのためのオルゴールです。ハンドルを反対に回しても曲が途切れずに鳴り続けますから、赤ちゃんがいたずらでちょっと触っても大丈夫。美しいオルゴールの響きが、赤ちゃんを夢中にさせてくれます。赤ちゃんは心地よいことに心を開くようにできているのです。決して大きな音でなくてよいのです。赤ちゃんの心に優しく響く、美しい「音」を用意してあげることで、聞く力を育ててあげましょう。

キーナー社の手回しオルゴール

スイス・ネフ社のリングリィリングは、世界でいちばん軽いともいわれている、木製のおしゃぶりです。良質の木材を長時間かけて乾燥させた後、丁寧に仕上げられたこのラトルは、音が美しい。二人の息子も、このリングリィリングを愛用しました。ティキは日本人の赤ちゃんの手の大きさに合わせて作られたおしゃぶりです。長男が生まれたとき、このリングリィリングとティキとモビールを買ってあげました。しばらくして彼が六か月くらいのときに、すでにおもちゃの仕事をしていた先輩から、ドリオという同じネフ社のラトルが届きました。ドリオは、葡萄をモチーフにしたラトルで、リングリィリングやティキよりもはるかに重い。六か月の赤ちゃんにはずいぶん重くて大きいサイズでした。少し経って、やっとドリオが持てるようになると、彼は自分の頭にぶんぶんとドリオをぶつけ始めました。親としてはその様子を見て、「何をやってるんだ？」と思うわけです。ところが、この動作の意味がわかりますか？　次の成長につながっているのです。ちょっと重いドリオを振る手の動作は、実は、はいはいの動作なのです。はいはいの準備運動として、動かしているのです。それに加えて、手の存在を、この動作で感じていくのです。人はだれでも頭に何かぶつかると「痛いっ」と感じますね。赤ちゃんも同じように「痛い」と感じる。そして「この痛みは僕の手のせいだ」と気づくのです。繰り返しているうちに、自分の手が自分の一部であることを理解していくのです。先輩はこのことを私に伝えようとして、ドリオを私に送ってくれたのです。

大人のなかには、スポーツジムに通う方もいます。ジムに通うと疲れます。疲れますが心地よい。そして体力を維持できる。あるいは筋力、持久力がつく。赤ちゃんも同じです。体を動かすことで、次の発達の準備をしています。リングリィリング、ティキやドリオの心地よい音は赤ちゃんの発達を促します。運動ですから、適度な重さも必要です。少しずつ持てるようになって、だんだん握ることができるようになっていく。今ちょうどよい重さ、それよりもちょっと重い重さがよいのです。そして「強く振ったほうが素敵な音が出るんだ」と、体験的に気づいていくのです。

リングリィリング

ティキ

ドリオ

ペンタトニック

スウェーデン・アウリス社のアウリスグロッケンという鉄琴は、その音色が本当に美しい。シュタイナー学校でも愛用される楽器メーカーの一つです。大人の鑑賞に堪える本物の楽器メーカーが、子どもたちのために作っています。

グロッケンと呼ばれる鉄琴のなかに、ペンタトニックという音階の鉄琴があり、これがよいのです。何がよいかというと、ド・レ・ミ・ファ・ソ・ラ・シという七つの音階ではなく、ペンタトニックというレ・ミ・ソ・ラ・シの五つの音階なのです。二つの音が足りないですね。ドとファを抜いた音階となるペンタトニックですが、この二音が足りないとどうなるのでしょうか？

濁りあう音同士がないのです。つまり、楽譜がなくて鉄琴を適当に叩いたとしても、リズミカルに叩きさえすれば、必ず綺麗な曲になるのです。不思議ですが、この音階には万国共通なところがあって、どの人の心にも響くのだそうです。ですから童謡やわらべ歌が、この音階になってることがあるのです。「メリーさんの羊」も「たなばたさま」

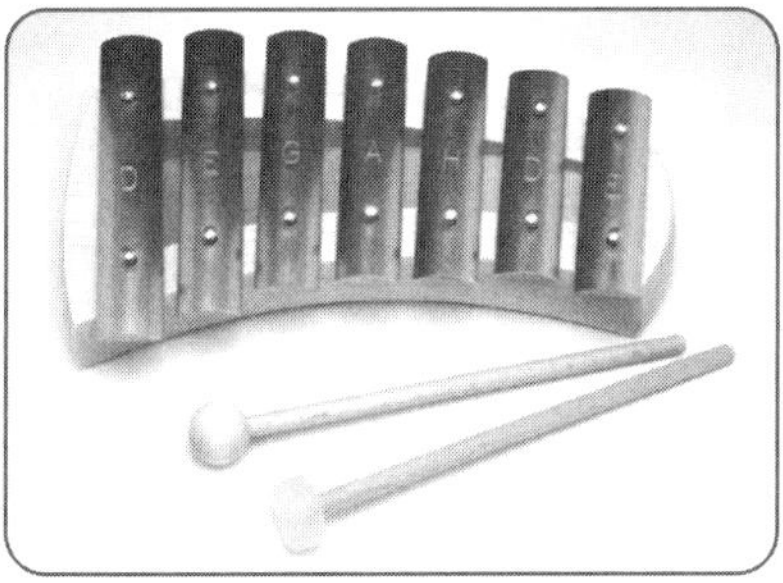

アウリスグロッケン・ペンタトニック

もペンタトニック音階なのです。

私のように楽譜が読めない大人でも、赤ちゃんに美しい曲を聞かせてあげることができるのです。

追いかけたくなるもの

フィンランド・ユシラ社のカラームカデという引っ張るおもちゃ＝プルトイは、その動きが愛らしく、思わず追いかけたくなります。引っ張るおもちゃだから「赤ちゃんが歩けるようになったら買ってあげるよ」では、もったいないのです。赤ちゃんがはいはいしてるときに、これを見せてあげるだけで、追いかけたいと思うのです。追いかけたい気持ちが身体を動かす気持ちにつながり、自分から楽しく、体を動かしていくのです。

昔、歩行器というものがありましたね。今でもあるかもしれませんが、足の筋力を強くするだけで、赤ちゃんが歩けるようになるだろうという誤解がありますが、足の筋力が育つだけで、赤ちゃんが歩けるようになるわけではないのです。全身を上手に使うこと、自分の意思を歩くことに

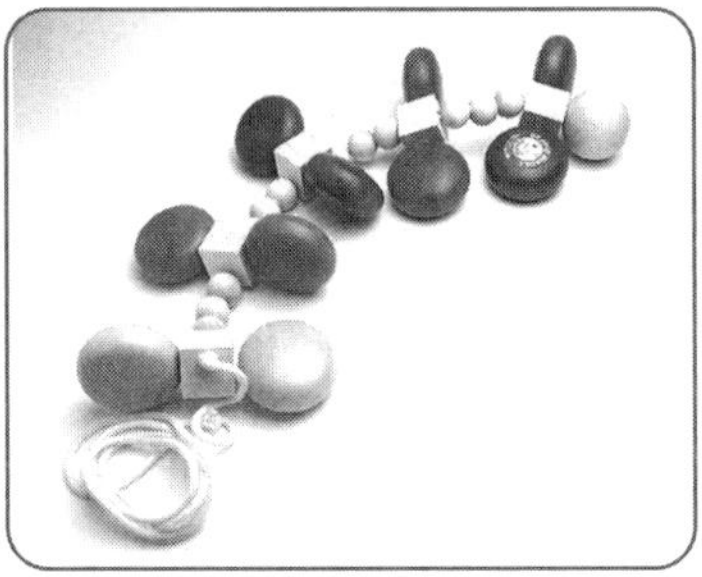

ユシラ社のカラームカデ

向かわせることも必要なのです。ですから、はいはいという動作の段階をしっかり過ごさなければなりません。はいはいは、全身を使っての動作で、移動しているのです。そして、そのいちばんのエネルギーは、歩きたいという気持ち。その動機は、「追いかけたい」という気持ちなのです。

引っ張るもの

フィンランドをはじめとするヨーロッパでもそうですが、日本でも引っ張るおもちゃは人気があります。このあひるのプルトイはヴァルターというドイツの工房で生まれました。ヴァルター社の工房は、残念ですが数年前、後継者がいないことを理由に閉鎖してしまいました。（ヴァルター社のおもちゃは、現在同じドイツのニック社が生産を引き継いでくれています。）

このヴァルターのあひるには、息子たちもお世話になりました。紐を引くとその後ろを首を振り、カタカタと音を立てながらついてきます。憎めない動きです。木製のどっしりとしたつくり、丁寧に仕上げられたフォルム。木目と赤く塗られた足が

ニック社（ヴァルター社）のあひる

美しいコントラストをなしています。子どもたちは引っ張ったり、抱っこしたりと戯れていました。

天然木を素材としたおもちゃには、当然ですが、ときに節目があります。木にとっての節目は、人間にとってのほくろのようなもの。生命あるものであった証です。そんな節目がある木製のおもちゃを嫌わないでくださいね。節目も含めて天然の木のパターンには、人の心を和ませる力、そして集中力を保たせる力があることもあわせて知っておいてほしいと思います。

ドイツに行って、プルトイ＝引っ張るおもちゃだけでなく、押すおもちゃ＝プッシュトイもあるのを知りました。モップの文化とつながっているようです。この押すおもちゃ、ドイツ・セレクタ社の手押しメリーゴーランドもプッシュトイです。この手押しメリーゴーランドを子どもたちは、母親が掃除機を押す姿を真似て楽しんだりもするのです。確かに、ずっと押していたくなってしまいますね。

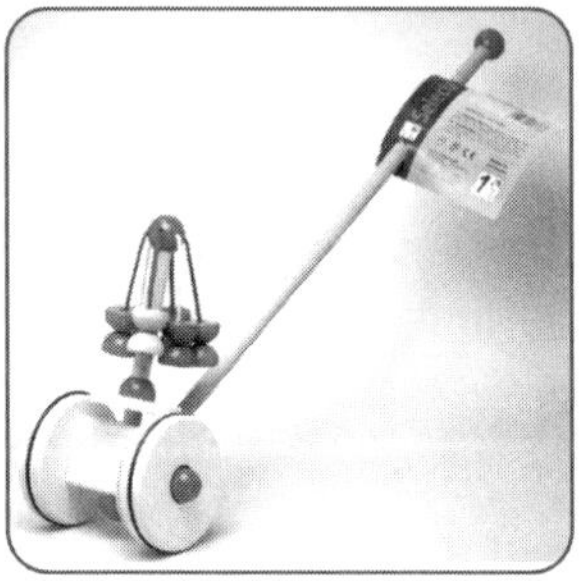
セレクタ社の手押しメリーゴーランド

落ちる動きを追うもの

ドイツ南部シュツッツガルトからさらに一時間ほど郊外

に向かったところ、ドイツの片田舎に一九四六年創業のベック社というおもちゃメーカーがあります。創業者クリストフ・ベックさんは生前、「私のおもちゃは三十年壊れずに家庭で遊ばれ続けなければいけない」と言っていたそうです。精巧な作りだけではなく、堅牢さにこだわったおもちゃなのです。落ちる動きを追うおもちゃは、一つは家に置いておいてほしいおもちゃです。小さな木の車が、カタカタと心地よいリズムと音を立てて落ちていく、ジャンピングカートレインの車の動きに、子どもたちはひきつけられます。子どもの夢中な様子を見ていると、ほほえましい気持ちになります。実はこのおもちゃに子どもたちがひきつけられているのは、動きがきっかけではなく、美しい音がきっかけなのです。

世界中で、ベック社のおもちゃが愛されているのはなぜでしょう。似たような落ちる動きのおもちゃも、世界中に溢れています。それでも、ベック社のおもちゃは格別なのです。その秘密は、美しい音色にあります。ベックさんは長く子どもたちに愛されるおもちゃを作りたかったので、良質の木材を用意しました。ただ用意しただけではなく、歪みを生じさせないため、そして丈夫に作るために、材料の木材をさらによい状態にするため、よく乾燥させました。乾燥させるためには、長い期間、じっくり時間をかけて保存します。こうしてしっかり乾燥させてから、加工しておもちゃに仕上げていくのです。その乾いた木材は、車や玉が落ちるときに、それはそれは美しい音を響かせます。まるで楽器のようです。だから子どもたちは誰もがみな、ベック社のおもちゃに釘付けになるのです。

耳で聞く力に、目で見る力が追いついてくるのが、十二か月くらいからです。ですから、一歳前後から落ちるおもちゃを与えてあげるとよいのです。子どもたちは最初、大人に「やってやって」と求めます。それを見て、仕組みがわかると自分でやってみよう、となるわけです。はじめは自分で上手に落とせなくても心配しないでくださいね。「うまくいかない」という体験をすることも大切なことです。「できない」から「できた！」という気持ちが嬉しいのです。初めてできると、嬉しくて、子どもは必ず同じことを繰り返します。それが、「大好きな人を振り返る」行為、「ソーシャルリファレンシング」なのです。そこで、すかさず温かい目で微笑み返してあげてくださいね。こうして、親子の絆が形成されていくのです。

シロフォン付玉の塔＝クーゲルバーンも、乾いた木を転がる音が心地よく、さらに、音階が少しずつ上がっていきます。そしてゴールは精確に調律された鉄琴がその遊びを完結させてくれます。この「チロリロリン」という音が美しいので、シロフォン付玉の塔のおもちゃの名前を知らない方が、ときどき「チロリロリンのおもちゃありますか？」

と来店されるほどなのです。このおもちゃを真似て、お金をかけずに薄い鉄板で音を出すおもちゃを作ることもできます。簡単に安く作ることもできるのです。でも、ベックさんは本物の楽器に使う品質の鉄琴、それも一枚一枚精確に調律された鉄琴を使ったのです。それはなぜでしょう？　子どものおもちゃだからです。ドイツのおもちゃメーカーのマイスターたちは言います。「子どものおもちゃだからこそ、最高のもの、本物でなければならないのだよ」と。子どもたちには、本物を見分ける、聞き分ける感性があるのです。だから、ベック社のおもちゃには飽きないのです。大好きになると二十分でも、

ジャンピングカートレイン

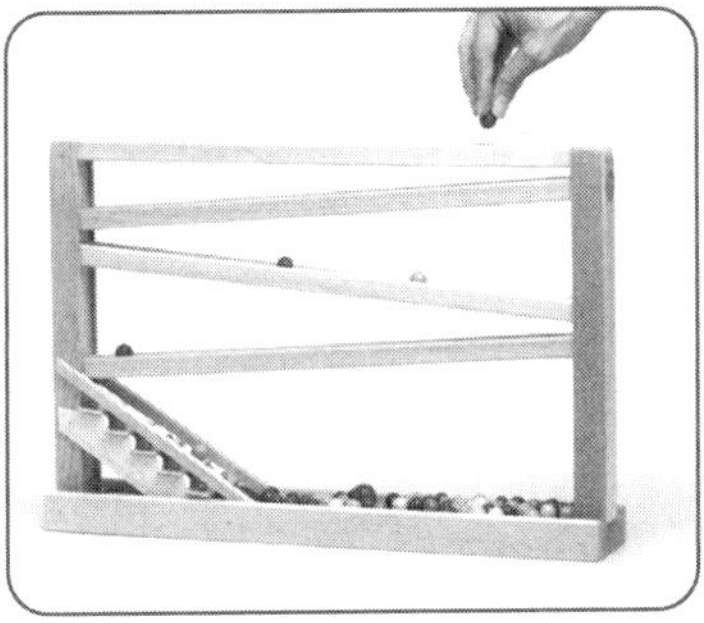
シロフォン付玉の塔＝クーゲルバーン

三十分でも遊んでいます。大きくなって、ほかのおもちゃで遊ぶようになっても、ときどき思い出したように遊んでいます。心を落ち着かせる、戻ってくる、居場所のような価値がこのおもちゃにはあるのです。大人でさえ魅了し、癒してくれるベック社のおもちゃには、多くの子どもたちに出会ってほしいと思います。

安全に注意する

すべてのおもちゃには、対象年齢があります。そして、ヨーロッパのおもちゃには、安全基準があります。おもちゃを見るときには、「ＣＥ」というマークを確かめてください。ヨーロッパでは、おもちゃの安全基準を法律で定めています。これはヨーロッパのおもちゃの安全基準を守っていますよというおもちゃだけが使えるマークなのです。たとえば、形、材質、塗料などです。ぜひ、子どもたちの安全と健康を守ることを優先して考えてほしいと思います。安全ではないおもちゃも流通しているのが、残念ながら日本の現実です。このおもちゃは「誰が」作っていますか？　このおもちゃの安全性は「誰が」責任を持って説明できますか？　ということです。ヨーロッパでは、さらに、子どもたちのおもちゃの安全基準に関連して、公園や保育施設の遊具、すべり台の材質や構造なども含まれた法律もあります。子どもの成長にはチャレンジがつきもの、外遊びでは多少の怪我もします。だからこそ、痛ましい事故、後遺症が残るような大怪我が起きない安全基準が必要です。そしてヨーロッパではそれがスタンダードなのです。挑戦する、成長することと安全性の調和は、大人が子どものために社会全体で取り組んでいかなければいけないテーマだと思います。公園で健康に遊ぶことは、子どもの成長には欠かせません。

カルテットで扱う輸入玩具の安全基準は、ＣＥ＝ＥＮ71の安全基準に準拠するおもちゃであることです。それに加えＰＬ法製造物責任法の対象であること。そして食品衛生法に基づく審査で安全を確認された正規輸入品に限っています。

三　自然の法則を身につける積木遊び

積木は発明品

同じ大きさ、同じ幅、同じ高さのものは、並べたり積んだりすると同じ長さになり、同じ高さになります。これが積木の基本です。これは、十九世紀のドイツの教育者・フレーベルが作った恩物などに始まる、基尺＝基本の尺度という考え方によっています。積木はフレーベルによる発明品ということもできるでしょう。フレーベルが積木を発案する以前、積木にかわるおもちゃは、どんなものだったかというと、木製の動物の人形、馬のフィギュアや牛のフィギュア、あるいは建物の小さな模型というように、具体的な物の形が積木の原型でした。フレーベルは一つ一つを同じ大きさとその二倍、三倍、四倍……という整数倍にして

フレーベル積木

構成することによって、子どもたちが並べたり積んだりする遊びができるようにしたのです。そして、無垢の木材を材料にすることによって、その積木をさまざまなものに見立てることができる、見立て遊びに展開できる「おもちゃ」にしたのです。

最初は崩すことから

スイス・ネフ社のネフスピールは五歳でも十歳でも、大人でもおもちゃとしておすすめですが、実は〇歳でも遊ぶことができます。ネフスピールは一九五七年にクルト・ネフさんによって考案され、デザインされた積木です。ネフさんは家具職人でした。家具をデザインし販売しながら、子どものおもちゃを作りたいなと思っていたのです。そして作り上げたのがこのネフスピールなのです。

積木は文字通り、積んでいくことが目的の遊びです。しかし、実際に〇歳や一歳の赤

最初のネフスピール

現在のネフスピール

ちゃんが、初めて積木に出会ったその日から積木を積むということはありませんね。崩してしまうのです。こんなふうに積んでみなさい、と大人が積んで見せれば見せるほど、崩してしまうことさえあります。それでは積木を与えるのがまだ早かったのでしょうか？　決してそうではないのです。崩す行為をしていながら、実は積むという遊びが始まっているのだと考えてください。赤ちゃんは必ずといっていいほど、みんながみんな、積木に初めて出会うと崩してしまいます。それは発達心理学でいうところの「探索行動」なのです。心理学を学んだことがあれば、聞いたことがある言葉だと思います。文字通り確かめる行動です。ときには手で触って、ときには口で舐めている行為も、探索行動といえます。赤ちゃんはみな、五感を総動員して探索行動をしながら、外界との関係を作っていくのです。それは五感を満たしていく、感覚を満たしていく行動でもあります。赤ちゃんは、崩すことを通して、積木という存在の性質を確かめていくのです。

フレーベルは、「遊びを通して、子どもたちに自然の法則を身につけさせたい」と言ったそうです。子どもたちは、重さ、大きさや形、そして大人の反応も確かめているのです。大人が自分のために積んでくれる行為を自分自身はひたすら崩しながら、大人が積木を積む姿をイメージとして心に蓄えて、いずれ自分が積木で遊ぶ準備を進めているのです。

「積む」ことに気づく

ネフスピールは、簡単な積み方があって、四十五度ずらすとしっかりと組み合わさり、簡単には崩れません。二個か三個のピースしか積めない子どもが、こういうふうに半分ずらすことによって、五個、十個と積めるようになるわけです。これもまた発見ですね。そして、実際に体験することで得られる達成感です。こういうことを、大人が遊んで見せてあげることが大事なのです。遊んで見せるけれども、その通りに、子どもができなければいけないというわけではありません。ですが、気づいた子どもはその通りにできるわけです。やってもいいし、やらなくてもいいけど、面白いことはいろいろあるよ、というのが大人が子どもに対して取るべきスタンスなのです。

最初は崩すことしかできない赤ちゃんですが、だんだん「積む」ということに気がついていきます。個人差がありますが、一歳から二歳くらいになるにつれ、一つの積木の上にもう一つの積木をのせたりします。一辺が五cm、縦横高さがそれぞれ五cmのネフの積木ですから、重心でいうと、二・五cmずれると崩れることになります。しかし、四本

足の向きで立たせると、実は二・五cmではなくて、一つ一つの重なりは約五mmの脚の部分ですから、二・五mmずれる、あるいは脚の部分の向きが歪むだけで崩れるのです。その四本脚をぴたりと合わせないとのりません。子どもは不思議なもので、いえ、不思議ではなくて、「成長の時計」というものを必ずそれぞれに持っていて、ほとんどの子どもたちはある時期になると、この四本足をピッタリさせて立たせないと気が済まなくなるのです。そうすると、この一見、難しそうな積み方であっても、「積みたいな」と思うわけです。

　そして、子どもたちは五cmの積木を丁寧に、丁寧に積んでいくようになります。小さな子どもたちに、言葉で「丁寧に積んで御覧なさい」と教えることは大変難しいことです。しかし、子どもたちは「できるようになりたい」という気持ちをもっています。その気持ちを自ら満足させるために、難しいことに挑戦するのです。そしてその姿はとても素晴らしいのです。「おもちゃを丁寧に扱うこと」は、子どもにぜひとも身につけてほしいことです。その丁寧さを大人が言葉で教えなくても、子どもたちが遊びのなかで自分から取り組もうとするわけです。質の高い積木とは、こういう教育的な課題を、遊

びのなかにしっかりと盛り込んであげることができる積木です。大切なのは、子どもが遊びを通して成長する小さな一歩を傍で寄り添いながら確かめて、そして認めてあげる大人の存在なのです。

よい積木とは

前に紹介したネフスピールに加えて、代表的な積木についてお伝えしましょう。

スイス・ネフ社の積木で、リグノという積木があります。五cmの赤、青、黄、緑の四色それぞれの立方体の中に円柱が入っている積木です。この積木は、六か月ごろから赤ちゃんに手渡したい積木です。赤ちゃんに円柱と立方体の積木を一組持たせると、教えるでもないのに、入れたり出したりを始めます。入れ子になってくれるのです。出し入れすることで親しむ。それから、積んだり崩したりを始める。よい積木は、赤ちゃんにとってよいだけではありません。成長した年齢に応じて、想像力を支える道具として使いこなせるようになっていくのです。

ネフ社リグノ

しばらくして、リグノをまとめて置いておくと、教えなくてもはめこんでいくようになります。これは目と手の協調といって、目で見たところに手を操作して持っていくという育ちが出てくるのです。リグノは積木ですが、型はめと同じ要素を遊びとしてもっているわけです。そして色は、赤、青、黄、緑の四色です。最初、赤ちゃんは、色をバラバラに入れます。「赤はこっちだよ、青はこっちだよ」とは教えないでくださいね。なぜなら教えてわかる時期ではないからです。ところが、教えてわかる時期ではないのに、遊んでいると同じ色に入れたくなってくる時期が、必ずやってきます。これは秩序性といって、子どもたちの心のなかに、同じ色で揃えたい、同じ大きさのもので揃えたい、あるいは同じように並べたい、という気持ちが芽生えてくるからです。だいたい一歳の後半から二歳ぐらいにかけて、そういう時期がやってきます。

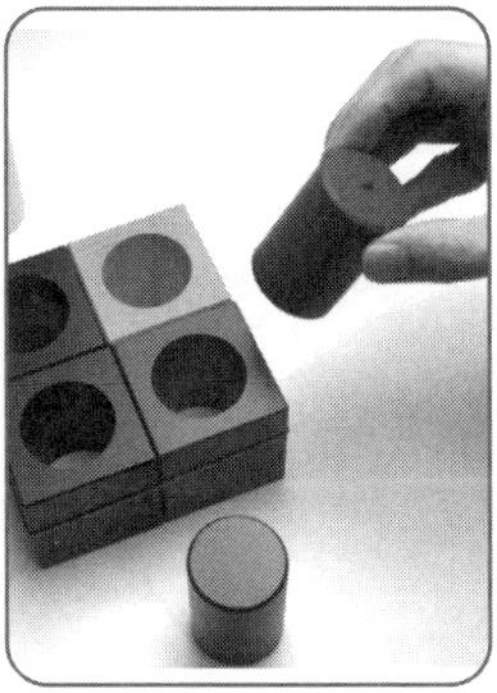

ネフスピールやリグノは、〇歳で出会いつつも、二歳、三歳、四歳、五歳、つまり、二年、三年、四年、五年とずっと遊んでいくと、どんどん難しい遊び方や違う遊び方に子どもたちが気づいていくわけです。そのスタートが早ければ早いほど、子どもたちの遊びが上達していくのです。

アルビスブラン社の積木

スイス・アルビスブラン社の積木は木箱に入っています。無垢のブナとカエデの美しいコントラスト。基尺は四cmです。小（四十四ピース）、中（四十九ピース）、大（九十ピース）の三タイプがあります。家庭で遊ぶなら私のおすすめは、中タイプです。なぜなら三歳の子どもの積木の適正量は、目安として百ピースだからです。でも、赤ちゃんならば、最初から百ピース必要なわけではありません。少しずつ、たくさんの数で遊べるようになっていくのです。最初は、中タイプを選び、積木遊びが上手にできるようになったら買い足していってもよいのです。

セレクタ社の積木

ドイツ・セレクタ社の積木は基尺四cmで作られています。スターターセットという少量のセットから、保育園向け

セレクタ社の積木

アルビスブラン社の積木

のたくさんの積木のセットまでさまざまなバリエーションがあります。

デュシマ社の積木

ドイツ・デュシマ社はフレーベルのキンダーガルテンのためにおもちゃを提供してきた、フレーベルとゆかりのあるおもちゃメーカーです。三・三cmの基尺の積木を作っています。

保育園では子どもたちが一部屋で十箱、二十箱と使いこなして、部屋いっぱいに積木で遊んでいます。どうして、安易な加工で安く簡単な積木を作らないのかは、そんな子どもたちの遊びを見ていると答えが見つかります。子どもたちの力は計り知れないのです。子どもたちは、ときに設計士になり、建築家になります。だからこそ、可能な限り精確な積木がふさわしいのです。

デュシマ社の積木

積木は、良質な硬い材質の木材を精確に加工した、基尺に忠実に構成したものを選んでください。積木遊びは一歳で終わる遊びではなく、少なくとも五年間は続ける遊びです。子どもたちは、だんだん上手に遊ぶことができるようになっていくのです。三歳くらいになると背の高さくらいには簡単に積めるようになります。でも、それで終わりではありません。もっと積みたい、もっと大きなものを作りたくなるのです。

大きな基尺から小さな基尺へ、少ない量からたくさんへ

保育園では、〇歳児クラスから二歳児クラスまでは、基尺五cmの「ムンツ積木」と呼ばれる積木をおすすめしています。少ないピース数で、達成感を得られることが理由です。そして三歳からのクラスでは、基尺三・三cm、または四cmの積木を使います。

積木遊びや形を作る遊びには、子どもの成熟度に応じて、「量は多くする」「基尺は小さくする」という方向性があります。これは、パズルや構成遊びと呼ばれる形を遊ぶ遊びなど、すべての遊びに通じる方向性です。保育園では、一つの部屋にいろいろな基尺の積木を混ぜて入れたりはしません。子どもたちが混乱するからです。家庭でもいくつもの基尺の積木を入れることで、遊びの成長を止めてしまいがちです。おすすめは二つの基尺まで。ネフ社の五cm

保育のなかでの積木遊び

のものと、三歳以上の白木の積木として四cm、またはは三・三cmの積木から用意します。五cmの積木と四cmの積木は、二十cmの高さで合わせて遊ぶことができます。五cmの積木と三・三cmの積木は十cmの高さでほぼ合わせられます。三・三cmというのは、三分の十cmなのですね。

積木は何度も買いなおすおもちゃではありません。一度買ったものを長く使っていただくのが積木の役割。ですから、一歳のお誕生日であっても、最初の積木はよい積木を選んでいただきたいのです。愛着のある積木が、子どもの成長に合わせてダイナミックに遊ぶ道具になっていくのがよいのです。五cm、四cm、三・三cmという基尺は三種類ですが、一緒に遊べる親和性の高い基尺なのです。

将来、玉の道の積木、スカリーノやハバ社クーゲルバーン、あるいはキュボロの玉の道の積木で

ジーナ社のベビーキューブ
（基尺4cm）

左から基尺5cm、4cm、3.3cmの積木

遊びたくなったら、この三つの基尺なら一緒に遊ぶことができるのです。スカリーノとハバ社クーゲルバーンは四cm、キュボロは五cmの基尺だからです。せっかくよいおもちゃを与えるなら、他の遊びへの発展性、親和性を考えて無駄のないおもちゃの選び方をしていただきたいと思っています。

スカリーノ（基尺４cm）

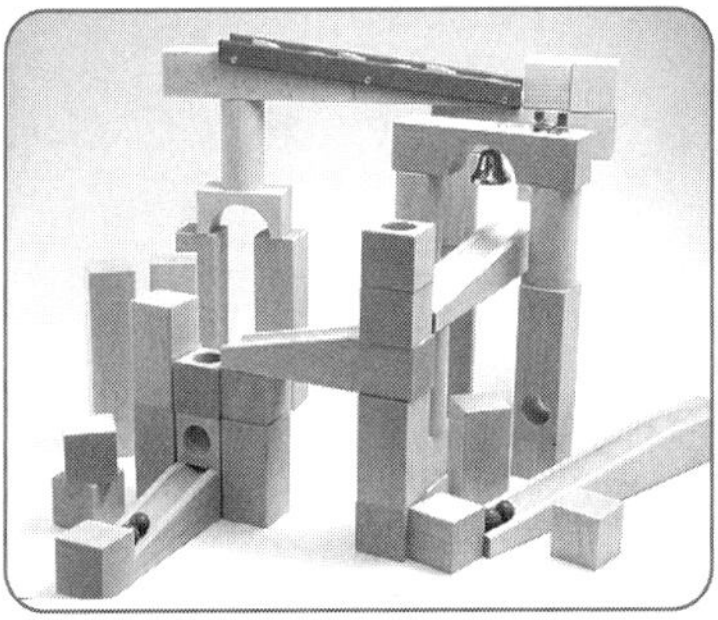
ハバ社のクーゲルバーン（基尺４cm）

キュボロ（基尺５cm）

積木の与え方

最初は崩していた積木を積めるようになったら、少しずつ、増やしてあげましょう。

そしてさらに積めるようになったら、また少しずつ足してあげます。積木が入っていた箱から遊ぶ量だけ、かごなどに入れ替えて、増やしていってあげましょう。積木の量の目安は、三歳で百ピースです。積木の量は構想力の広がり、集中力の増加の表れです。小学校一年生の勉強を終えたら二年生の教科書を買い求めますね。そして六年間学んだら、中学校に進み、中学校の教科書を与えます。積木はおもちゃであっても、教科書と同じ役割をします。遊びが成長したら、正しく追加することが必要なのです。

中学に入ったときに、小学校の算数の教科書を与えられたら、子どもはどうなるでしょうか？　物足りなくなって、そのまま放っておくと退屈し、しまいには、ふざけてしまうのではないでしょうか？　多くの家庭で、真剣に遊ぶだけのおもちゃが足りないがゆえに、つまらないと感じている子どもたちが多くいます。子どもたちは、遊びを通して人生を学んでいるのです。

積木が足りなくなったら、同じ基尺で五十ピース、百ピースと追加していってあげましょう。先ほど紹介したような、良質な積木で、同じ基尺ならば、違うメーカーの積木でもかまいません。

保育のなかでの積木遊び

保育のなかでは、協力してたくさんの積木を使う積木遊びを推奨しています。三・三cmのレンガ積木を同じ形の積木だけで二千個、よく遊ぶクラスでは、四千個以上使って遊ぶこともあります。一対二対二分の一のシンプルなレンガの形の積木です。子どもたちは、一緒に積木で遊ぶ楽しさに、すぐに気づきます。床から天井まで積むのは、序の口。そして上手に積むだけではなく、物語やテーマをクラスの友だち同士で話し合いながら、積木遊びを展開していけるようになるのです。

「壊す子どもはいないのですか?」という質問に対して「はい、最初は壊す子どももいます」とお答えします。でも、積木を積む喜びを知ると、積み上げた積木を大切に思うようになり、自分が作っているものも、友だちが作っているものも大切に思えるようになるのです。幼児期にしか体験できない貴重な体験。この、想像の世界を友だちと一緒に形にしていく、という経験は、生涯忘れられない楽しい思い出になっていきます。保育のなかでの積木遊びについては、この本では詳しくは語りませんが、保育士のみなさんには、取り組んでもらいたい遊びの一つです。

四　ドイツのおもちゃの魅力

フレーベルの願い

私たちは、教育学の歴史のなかの存在として、フレーベルについて学びます。ともすると、歴史上の人物として扱われます。ところがドイツでは、フレーベルは、今も生きているのです。このフレーベルの理論で幼稚園の教育をし、フレーベルの理論でおもちゃも作られているのです。ドイツのデュシマ社、ジーナ社は、フレーベルに縁のあるマイスターたちが創業したおもちゃメーカーです。ドイツでは、幼児教育の発達とおもちゃの発達とは一体なのです。幼児教育を実践するにあたって、理論だけでも想像だけでもなく、実際に子どもに遊んでもらって、そのおもちゃに対する理解を確かめていきました。そのために、マイスターにその技術を尽くしておもちゃを作ってもらいました。それがドイツのおもちゃなのです。だから教育的なのが当たり前、よいクオリティであることが当たり前なのです。でも、そのめざすところは、大人の理論を子どもに押し付けることではありません。子どもの遊びのなかにその本質、そして答えはあると彼らは考えているのです。ですから、子どもたちの遊びを観察して、おもちゃを改善し続けてきました。それを今も繰り返しているのです。また、決して雑に作ることはしません。それがドイツのマイスターの文化なのです。たくさん売って儲けようという姿勢がそもそもないのです。

マイスター制度

ドイツには、「マイスター制度」があり、国が手作りの文化を守って今日に至っています。パンのマイスター、ケーキのマイスター、それから機織《はたおり》のマイスターもいるのです。このマイスター＝職人たちは、国家資格をもっています。お医者さんや学校の先生と同じですね。きちんと専門の学校を出て、試験に合格しなければいけません。それだけではなく、いくつもの工房でしっかり修行をします。資格をもってるだけではだめなのです。しっかり経験を積んで、初めてマイスターになれるのです。数年前、ドイツ・ニュルンベルクのおもちゃ見本市で、故ヴァルター・ベルナーさんの三兄弟のブースを訪問したときのことです。ヴァルターさんは、おもちゃの故郷と呼ばれ、おもちゃ作りのマイスターたちが集まるザイフェンでも、「マイスターの父」と呼ばれていました。

その息子たち三兄弟にそれぞれ違った伝統のおもちゃ作りを教え、三人のマイスター（息子たち）を育てた人だからです。その子どもたち、つまりヴァルターさんの孫たちが、ブースを手伝いに来ていました。「君たちも職人になったんだね。お父さんの工房をそれぞれ手伝っているのかい？」と尋ねると、彼らは笑って答えました。「修行はね、自分の親の工房ではしないんだよ。僕らはそれぞれ、親以外の工房にお世話になって、修行をしているんだよ」まだ、二十歳そこそこの彼らも、しきたりに習い修行を続けて、いずれはマイスターになっていくのでしょう。

一九二〇年代から、ドイツは、ものづくりについて独特な文化を築いていくことになります。ドイツでは工業技術の発達を偏重させることなく、人間の手の技で作っていくことを廃れさせてはいけないということに重きをおいたのです。実は、ワイマール共和国という国がドイツにあった時代、その国会議員たちは、ほとんどが何らかのマイスターだったのだそうです。それで、大量生産の陰で人間性が損われかねないことに、気づくのです。そこで、手作りの文化を守ろうということになるのです。また、生産＝ものづくりと人間性の調和こそが、ものづくりにおいて絶えず大切にされなければならないという文化をもっているのです。そして、今日に至るまでマイスター制度を守ってきているのです。

マイスターたちは、誇りをもっています。たくさん作るということよりも、よいものを伝えるのが私たちの仕事だといいます。彼らにとっては、一つ一つの商品は、それぞれ美術作品と等しいほどなのです。私は、そんなマイスターたちが作るおもちゃを、子どもたちに手渡してあげたいと思うのです。

世代を超えるおもちゃを

よいおもちゃが生まれる背景には、ドイツのマイスター制度が決定的に大きな意味をもっているということは、すでに書きましたが、ドイツのベックさんが、「私のおもちゃは三十年子どもの所になければいけない」と言ったのには、もうひとつの意味があると私は思っています。よいおもちゃ、その同じおもちゃが三十年間、作られ続けなければいけないということです。

子どもたちが遊んで楽しかったと思ったら、それは将来の子育てのよい準備になっているのです。絵本が、読んでもらった思い出とともに温かい記憶として残るのと同じです。子育てというのは文化として受け継がれていくものです。お父さんやお母さんがよい子育てをしてくださったのなら、その子どもは自分の子育てに対してポジティブな気持ちになりやすい環境ができるのです。

ですから、おもちゃも三十年間同じものがなくてはいけないと私は考えます。自分が親になったときに、また出会わせてあげられるように、です。はやりすたりのものではなく、基本的によいおもちゃが供給され続けなくてはいけないと思うわけです。

私はそういう視点でおもちゃを吟味していきます。世界中からおもちゃメーカーが集まるおもちゃ見本市に行くと、面白いおもちゃは何百、何千とあります。おもちゃは私に、日本に連れて行ってほしいと待っているのですが、そのなかでも、本当にみなさんや、みなさんのお子さんが親になったときに、そのお子さんに与える価値があるものだけを連れて帰ろうと思うのです。

木のおもちゃが自然や環境を破壊するというようなことは基本的にありません。たとえばスイス・キュボロ社のおもちゃはSFCという刻印が押されていますが、この仕組みは、森林を守りながら、その秩序のなかで木製品を生産していることの証明です。森林は失われないのです。木のおもちゃを愛するということが、森林や自然を守り、環境を守るものでもあるのです。こういう考え方がベースにあって、その上で、それぞれの工房でそれぞれオリジナリティのあるものを作っているのです。

木が人を生かし、人が木を生かしてきたという人類の自然との調和の積み重ねが、私たちの心に、木のおもちゃを求める想いを与えているのです。

五　遊びは飛び級ができない

子どもの集中力

小さなお子さんを持つお母さんから、「うちの子、集中力がないんです」「落ち着きがないんです」という相談をよく受けます。まずは、その方の家に落ちる動きを見るおもちゃがあるかきいてみます。もしないようなら、ジャンピングカートレインか、シロフォン付玉の塔で遊んでいただきます。お母さんに、子どもが三分、五分と夢中で楽しんでいるのを目の当たりにしていただき、そして一緒に考えます。テレビやテレビゲームではなく、子どもが主体的に遊ぶことで夢中になれるおもちゃが、集中力を育てるのです。よいおもちゃで夢中になるのは、娯楽としてぼうっと遊んでいるのではなく、脳内の血流を最大限に活動させて知的活動を行っているのです。

十二か月の赤ちゃんなら、三十秒おもちゃに夢中になれる集中力があれば十分です。二歳なら、五分集中できれば十分です。楽しくて知的な遊びで、それだけの時間夢中になれる集中力があって、それから先もちょうどよいおもちゃが与えられ続ければ、その時間は五分から十分、二十分と延びていきます。そして、小学校に入るころには、四十五分、五十分の授業に集中できるだけの集中力は育っていくのです。どうぞ、よいおもちゃで遊んでいるときの子どもの目の動き、手先の使い方を注意深く見守ってみてください。

ときに、こんな相談を受けたこともあります。「うちの子はおもちゃがたくさんあるのに、なんにも遊ばないんです」「お家にどんなおもちゃがありますか?」とおたずねすると、年齢的にずいぶん大きくなってから遊ぶようなおもちゃばかりがそろっていたのです。おもちゃは、早すぎてはいけません。ヴィゴツキーのいう、最近接領域(=ちょっと先まで)がちょうどよいおもちゃなのです。難しすぎるおもちゃがあるとしたら、しばらく目に付かないところにしまって、出番を待たせてあげてください。二歳の子には二歳の子にちょうどよいおもちゃを与えてあげることが大切なのです。五歳の子にも同様です。

また、テレビのつけっぱなしや、テレビの見せすぎ、という問題もあります。刺激が強過ぎないことが重要ですが、テレビの刺激は子どもたちを相当に疲弊させ、知的な遊びに向けるエネルギーが残らないのです。そして、生活のリズムにも同じくらい気をつけていただきたいですね。遅い時間まで起きているとか、寝る時間が不規則なのは子どものためによくないことです。生活時間や生活のリズムが原因で、クタクタになるような生活をしていて、そのクタクタになった後で「落ち着いて」くれない、「集中」できないのは、いわば当然ですね。しっかり休むことも含めて、生活のリズムを整えてあげる。そして静かな環境のなかで、生活リズムをつくってあげる。環境が落ち着けば、子どもは落ち着きやすくなるのです。そのような環境のなかでこそ、子どもたちは豊かな感性を自ら働かせて、好奇心を目覚めさせ、わくわくして、おもちゃで遊ぶようになるのです。

叩くおもちゃ

一歳を過ぎてある時期が来ると、昨日までおとなしかった赤ちゃんが、スプーンなどを持つと手当たりしだい、あちこち叩き出すようになります。この叩く行動は、投げる行動として現れる場合もあります。なんでも手に持つものを投げてしまいます。そして、赤ちゃんはみんな、ほぼどちらか、「叩く」か「投げる」かにこだわって繰り返します。これが発達のステップです。はじめに手を使ってはいはいをするようになり、ひじが育ちます。運動機能は心臓に近いところから発達していくのです。肩が育ちひじが育ち、手首が育ち、手先が育つのです。スプーンであちこち叩くようになったら、ひじを使えるようになりつつある、そこで叩くおもちゃの出番なのです。ここからが「しつけ」のためにもいちばん大変な時期です。「あちこちたたくのはいけませんが、ここはたたいていいからね」と教えてあげます。教えてあげながら、待つのです。しつけは「だめだめだめ」という一辺倒ではいけませんね。「だめ」と「いいよ」をわかりやすく伝えていくことなのです。ルールという親子で共有するものが始まるのです。

今まで手がかからなかった子どもが、手がかかるようになったという点だけを捉えて、「もう反抗期?」などと言っては、子どもがかわいそうですね。それは、大人と子どもが向き合うということがきちんとできていく、コミュニケーションの関係ができてきていく時期なのです。

このころの叩くおもちゃとして、スウェーデン・ミッキー社のノックアウトボールがあります。叩くことができなければ、お手てでポットンと押せばいいのです。玉が下から「いないいないばぁ」と出てくるだけで楽しいのです。これは叩くためのおもちゃですが、それでもよいのです。叩くおもちゃは、子どもにとっては楽しくて仕方ありません。あちこち叩

ミッキー社のノックアウトボール

くのはだめだけれど、ここは叩いていいからね、ということを根気よく教えてくださいね。このおもちゃは叩くと上手くいくのです。だから楽しいのです。他のものを叩くよりも楽しくなっていくのです。そして「できたっ！」という喜びもあるのです。何度でも叩き続け、遊び続けますよ。

フィンランド・ユシラ社のハンマートイというおもちゃもあります。二歳くらいから遊ぶおもちゃなのですが、それより少し前のお子さんをもつお母さんから、「こんな重たいハンマーを持たせられません」と真剣な顔で言われたことがあります。確かに一歳の子どもには、難しいし重すぎます。でも、もうちょっと待ってあげていると、これで遊びたくなる時期がくるのです。

ある夏の日にカルテットに遊びにきてくれた小学生の女の子がいました。ドイツのカードゲームが大好きで、お誕生日のプレゼントに親子で選びに来店していたのです。ところが肝心のカードゲームには見向きもしないで、その日はハンマートイの虜になってしまったのです。小一時間でしょうか。ひたすら叩き続けていました。六本のくいを叩き終わると、また裏返して叩き始め、六本叩き終わるとまた裏返し、とま

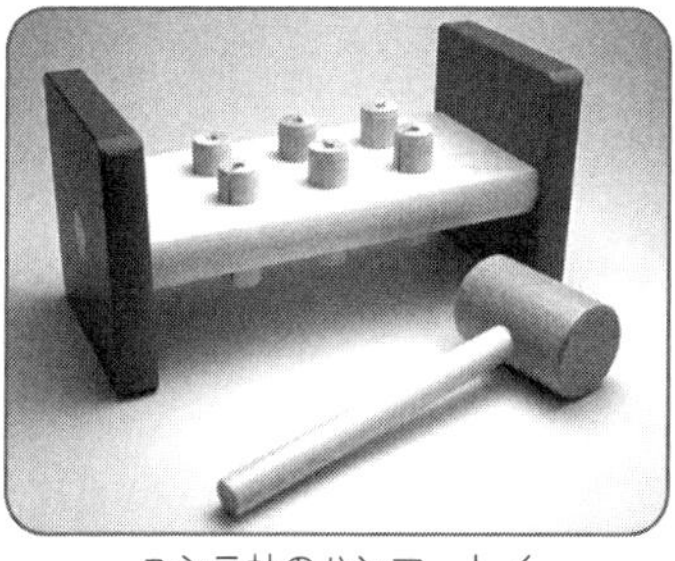

ユシラ社のハンマートイ

るでキツツキがお店に舞い込んできたようでした。私は店の奥で延々とその音を聞いていました。聞いていて気がつきました。遊びには飛び級できないことがあるのです。遊び足りないことは、遊びたいという気持ちが心に残るのですね。

きっとこの女の子には、その時期に遊び足りなかったもの、遊び残した欲求があったのです。ですから、小学生でも大歓迎です。遊び残したものを追い続ける大人もたくさんいる時代なのですから。

わがままの消え方に注意

ハンマートイは子育て支援センターでよく使っていただいているおもちゃの一つです。ある支援センターの子育て講座に招かれ、ママたちにお話をしたときのことです。講座が終わって、みなさんが退室をするのを見計らって一組の親子が、暗い顔をして「相談があるんです」とやってきました。「どうしたんですか?」とたずねたら、ハンマートイの話をしてくださいました。「うちの子はこれを遊んだり、遊ばない日もあるんですけれども。私がこれを遊ばないと帰れないんです。私って心に何か問題があるんでしょうか……」と。このおもちゃを叩いて気が済むのなら叩いてくださっていいのです。ユシラ社・ハンマートイのハンマーは、磨り減って三角になったら、ハンマーだけでも買うことができるのです。杭がゆるくなったら、杭だけで買えるのです（正規輸入商品の場合）。ですから、いくらでも叩いていいのです。ストレスを発散するために大人が叩いてもいいのです。やがて心が晴れるのなら、おもちゃも幸せだと思います。

子どもの、叩き足りないという衝動は、永遠に続くものではありません。夢中になっている姿を見ると、「永遠に続く」かのように見えるだけです。満足すれば気持ちが落ち着いてきます。満ちたりて満足するまで、叩かせてあげなければいけないのです。満足するまでの時間、回数は、子どもによって一定ではありません。一時間で満足する子どももいれば、五分で満足する子どももいます。これが、外からは見えない子どもの心の中にある「器」なのです。そして、子どもの心には、満たされなければいけない、いくつかの「器」があります。

わがままの器というものもあるのです。ですが、そのわがままは「永遠」ではありません。わがままも満たされて、やがていっぱいになってくるのです。大人にとって「わがまま」に見える子どもの行為には、いろいろな理由と背景があります。ときには「私で本当にいいの？」ということを、お父さんお母さんに確かめるメッセージの場合があります。このころの子どもに対しては、大人が求めていることが知らず知らず増えてきます。大人からは、「おむつが取れたらよい子だよね」というように、成長のためのいろいろな求めがあります。条件付きで「よい子」だと認めているということですね。大人が「これができたら」「あれができたら」「お兄ちゃんだよね」「お姉ちゃんだよね」などと、いろいろな条件を出していると、子どもは自分自身が見えなくなってしまうのです。「頑張ってお利口さんにしていれば、お母さんは認めてくれる」それが続くと、「お母さんが認めてくれる僕は、お母さんのなかの僕でしかない。僕は我慢しているの。そんな僕は本当の僕でない」そうして「本当の僕」と、「お母さんの要求に合わせた僕」の二人が「自分」になってしまうです。この二重構造をつくってしまうと、子どもにとってとても危険です。甘えんぼうの僕でも、認めてほしい。いつも背伸びはしていられない、頑張りすぎている自分の心を整えるために、心のバランスをとるためにする「わがまま」は認めてあげてほしいのです。

そして、この時期のわがままが消えていくには、二つの道筋があります。

一つ目の道筋は、「満足」して消えていきます。わがままを十分に聞いてもらって消えます。「私のことを百パーセント受け止めてくれているよね」と確認して確信して、消えていくのです。

二つ目は、大人に聞いてもらえないことがわかって、聞いてもらうことを「あきらめる」。言い方を替えると、「大人をあきらめること」で、わがままが消えていくという道筋です。わがままを聞いてもらいたくて、大人を困らせて困らせて、でも受け止めてもらえないので、あるとき、すうっと消えていきます。小学校に入るくらいの時期に困らせない子どもになります。ある教育者は、これを思春期に爆発する「キレる」潜伏期間だと言いました。ありのままの自分ではなくて、「お母さんが望んでいる僕じゃないとだめだよね」というあきらめです。そうなった子どもはあきらめますが、自分を認めてほしい気持ちは消えません。消えないで沸々とした思いが心のなかに火種のように燃え続けるのです。そして、それがいつ出てくるかというと、およそ十年後です。大人になろうという時期に、もう一度自分とは、何者だろう、そして、何をしたいのだろうという自分自身に向き合わざるを得なくなるのです。これが思春期です。その思春期にとてもゆがんで、そして難しいかたちとなって表れてくるのです。

六　道具を使ったごっこ遊び

◇◇◇◇◇◇◇◇◇◇◇◇◇◇◇◇◇◇◇◇◇◇

人形の選び方

子どもはいつから人形遊びを始めるのでしょうか？　だいたい十二か月くらいが目安です。「まだうちの子はおむつも取れていないし、お世話はされるばっかり」と思うかもしれませんが、お世話をしてもらっているときが、お世話をする遊びを始めるときなのです。子どもは、してもらって嬉しいことをしてあげたくなります。ただし、人形がお世話遊びの道具としてふさわしいものでないと、遊びのスイッチが入りません。そこで、ふさわしい人形のおもちゃの出番です。

ピーターキンベビー

お世話遊びを育てるためにおすすめしたい人形のおもちゃとして、ピーターキンベビーと、ウォルドルフ人形があります。ピーターキンベビーは身長約三十八cm、ウォルドルフ人形C体は四十cmの大きさです。この大きさは子どもが抱くのにちょうどよいのです。なぜでしょうか。それは、子どもは視覚的に見て、まねることから遊びに入るからなのです。お母さんのからだの大きさと赤ちゃんのからだの大きさの関係。それを、自分と人形のからだの大きさのバランスにおきかえるのです。さらに、この人形たちの適度なやわらかさ硬さ、つまり人形を触ったときの感触が、ママと触れ合う感触ととても近いことが、遊びに、より入りやすくしています。

あなたが親になって、初めて赤ちゃんを抱っこしたときを思い出してみてください。赤ちゃんはとてもやわらかでしたね。その温もりと感触は、実はお母さんをも落ち着かせてくれていたのです。赤ちゃんも、お母さんのやわらかさ、ぬくもりを感じて心穏やかになっているのです。人形も抱き心地のよさ、やわらかさが大事なのです。

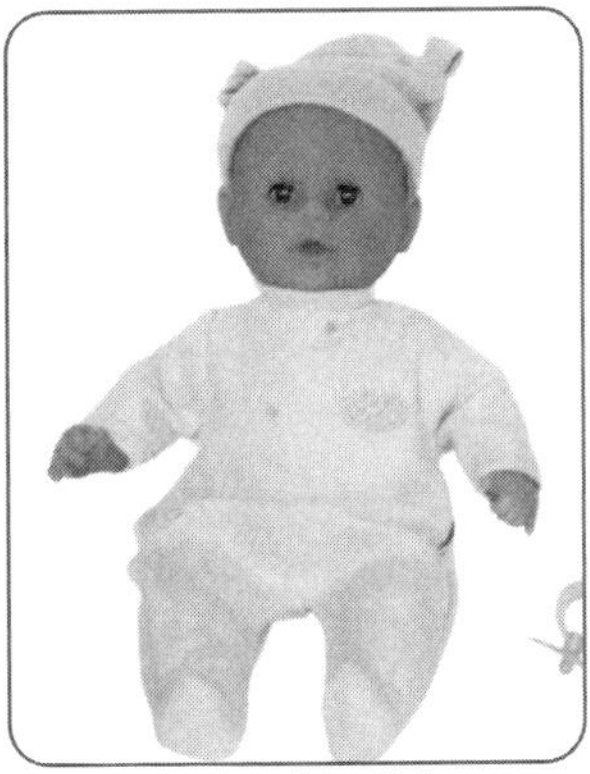

ピーターキンベビー

お世話遊び

お世話遊びは、大人にしてもらって嬉しいことを自分でもしてみたくなる、という動機によって、自然（＝発達）に始まる遊びです。おむつを替えてもらう。おっぱいを飲ませてもらう。抱っこしてあやしてもらう。こういう嬉しいことが心に蓄えられ、人形という道具を見ることをきっかけにして遊び始めるのです。ですから、人形の表情については注意が必要です。人形の表情は、「中立」であることがポイントです。その人形は一見、「無表情」のようです。しかし、これは無表情なのではなく、子どもたちが人形の感情を想像する余地を、こうして表情を「中立に作る」ことによって形にしているのです。残念ですが笑っている表情の人形は、お世話遊びには向きません。泣いている感情や、怒っている感情を子どもたちが想像しにくくなるからです。実際赤ちゃんが、朝から晩まで四六時中ご機嫌でい続けることはありますか？　もしそうだとしたら、それはかえって不自然ですね。赤ちゃんはよく泣きます。おなかがすいたら泣く。眠くなったら泣く。不安になったら泣く。困るから泣くのです。だからお母さんは、子どもにきくのです。「おっぱいなのかな。おむつなのかな。眠れないのかな」そして、「おお、よしよし」としてあげるわけです。それこそが、子どもにとって愛情と感じる嬉しい瞬間なのです。自分が困っているときに、そうやってきいてもらえてきたことの嬉しさを、人形にもしてあげたくなるのです。

そして、お世話することが楽しいと思えるのです。お世話されることが楽しいからこそ、お世話することが楽しくなるからです。それがお世話遊びです。男の子も女の子も赤ちゃんのときには、等しくお世話をされます。そして、お世話されている瞬間、とても嬉しく、幸せなのです。ですから、お世話遊びを十分にさせてあげたいのです。飛躍的な言い方をすれば、二十年後、子どもたちが結婚したときに、子育て大好き、お世話大好きなパパとママを、今から教育しているということです。もちろん、実際にお世話してくれた大人への感謝を深めている遊びでもあるのですよ。

ですが逆もあるわけです。お世話が苦手な人もいますね。十年間、親御さんとの勉強会のなかで、いろいろなケースをきいてみました。たくさんの方々に、育ったころのことをきいていくと、ある傾向があることがわかりました。子育てが苦手なお父さんは、一人っ子、末っ子に比較的多い。自分が赤ちゃんのとき、小さいときに、赤ちゃんを触ったり、お世話をしてる姿を見たりしたことがない。そしてそれに加えて、ままごとを全くしたことがないのです。ですから、保育園では、男の子にも「お人形遊び、お世話遊びをさせてあげてくださいね」とお願いしています。こうして一九九〇年ごろから保育園で取り入れられるようになったのが、はじめに紹介したピーターキンベビーなのです。

ウォルドルフ人形

ウォルドルフ人形はもともとシュタイナー教育に基づいて作られているものです。スウェーデンで、手作り、手仕事という文化と一緒に生まれました。ですから、完成品で売られてはいません。大人が子どものために、自然素材を使って手作りするところから始めるのです。

ウォルドルフ人形も表情はシンプルです。子どもはウォルドルフ人形に語りかけながら想像するのです。ウォルドルフ人形はピーターキンベビーよりも、少し年齢を重ねてからのスタートがよいと思います。だいたい四、五歳くらいかと思います。この人形の気持ちは、誰がいちばんわかるのでしょう。それは人形の持ち主の「私」です。そんな気持ちになるわけです。この子が寂しいときには、私があやしてあげます。おなかを空かせたときには、食べさせてあげます。こうして人形をお世話しながら成長していくと、ある日ある時、逆転現象が起こります。それは小学校に入ったくらいです。「私の気持ちをいちばんわかってくれるのはこの人形」という立場の逆転です。これが子どもにとって心の支えになるのです。「自分はだめな子」とか、「私はパパやママに嫌われている」と思う心の危機が、子どもにはあるのです。その危機に、この人形が支えてくれるのです。私がこの子のことをいちばん思って、いちばんお世話をしてきたから、この子が私のことをいちばんわかってくれるということになるのです。これはすばらしいことですね。ですからウォルドルフ人形は五年、十年、二十年と長持ちするようにとても丁寧にしっかり手作りされるのです。

息子二人はこのピーターキンベビーとウォルドルフ人形で育ちました。次男が二歳のときに我が家にやってきたピーターキンベビーは「すみれちゃん」と名付けられました。自分のベッドですみれちゃんと一緒に寝ていました。そして、ある朝は、すみれちゃんを起こして、キッチンにつれてきたかと思うと、自分の着ていたシャツの中にすみれちゃんの頭をぐいぐい入れているのです。何をしているのかなと思うと、どうやらおっぱいをあげていたのです。その後、彼とすみれちゃんは、小学校を卒業するまで同じベッドで寝ていました。

ウォルドルフ人形C体
＊「ウォルドルフ人形」は、スウェーデンひつじの詩舎の登録商標です。

名前をつける

わが子にこの人形を与えたときに、もし、人形の片足を持って振り回したりしたらどうしますか？　慣れていないので、積木と出会ったときのようにまだ上手に扱えないだけかもしれません。その場合は、大人が遊んで見せてあげる、いわば「遊び見せ」をしてあげましょう。子どもたちは、気持ちでは可愛がっているつもりでも、動作が追いついてくるまでに時間が掛かるからです。自分の心のなかでは可愛がっているのだけれど、動作が伴わない。ですから、練習、すなわち遊んでいると、上手になっていくのです。

ですが、ときには、わざと踏んだり蹴ったりすることがあります。部屋に落ちている（私たち大人はそれも残念に思うのですが）人形を避けて歩けばいいのに、わざわざ、踏んで歩いたりすることまで目の当たりにすることがあります。そういうときはどうしたらいいのでしょうか。感情的に叱らないでほしいのです。親としては非常に葛藤がありますが、まずは、人形であって本物ではなく、子どもの「仕打ち」を受け止めてくれる存在であるということを、わかってあげるとよいと思います。ときに人形は、子どもの心のガス抜きの役割を果たしてくれるのです。それが必要な時期や場合もあるのです。

弟や妹が生まれたり、幼稚園や保育園でつらい思いをしたり、あるいは頑張りすぎていたり。小さな心がはちきれそうになることがありますね。子どもはそんな心の思いを誰かにぶつけたくなることがあるのです。でも小さな心にもちゃんと理性があるので、物言わぬ人形にその気持ちをぶつけるのです。こういう行動には「自浄作用」があります。人形を傷つけることによって、自分の心のバランスをとり、整えているのです。大切なことは、お母さんがその人形をいたわって大事にする姿を　子どもに見せてあげるということです。人形を大切にする姿を見せ、見えない子どもの心が傷ついている様子を思ってほしいのです。大人が人形をいたわる姿は、人形ではなく本当は、子どもをいたわる姿なのです。視覚的に見せることを心がけてくださいね。ときに、人形にやきもちを焼く子どももいます。その姿は、大人の愛を求めている証拠。健康な愛情を大人に求めている証拠です。

そこで、人形で大人の愛情を示してあげると、子どもにも愛情が見えるようになります。だから人形を乱暴に扱っても簡単には責めないでほしいのです。「あらあらかわいそう、痛かったね」と人形に声をかけて、人形との関係をつくってください。そこで必要になるのが、人形の名前です。ウォルドルフちゃんとか、ピーターキンベビーちゃんなどと言わないでくださいね。「赤ちゃん」という名前の子どもはいませんから、素敵な名前をつけてあげましょう。

それからベッドを用意してあげるといいと思います。人形が大切にされている場所が必要なのです。大切にされている様子を、子どもに視覚的に見せてあげることの一つです。子どもによって逆さにされていたり、踏んづけられたりしても、お母さんがベッドに寝かせてあげればいいのです。ベッドを用意するときには、人形と大きさをあわせてあげてくださいね。四十cmのお人形には、五十cmのベッドがちょうどいいと思います。

同じサイズだと、頭が、つかえてしまってかわいそうですからね。

ままごと遊び

子どもたちには、一見ちょっと大きめのままごとセットを用意してあげるのがいいです。フライパンのおもちゃで、直径は十八cm〜二十cmくらい。この大きさが、遊ぶのにちょうどいい大きさなのです。家庭では、目玉焼きを焼くのがこの大きさのフライパンです。この直径二十cmのおもちゃのフライパンを、子どもは三十cmの大きなフライパンに感じているのです。ところが、直径十cmのフライパンのおもちゃは一部の子どもしか、フライパンとして見えないのです。子どもは、大人が実際にフライパンを使って料理をしている姿をイメージとして目で捉え、それを自分のからだの大きさに置きかえているのです。だから、この一見大きめの二十cmのフライパンが「リアル」に感じられるのです。

また、子どもたちには、台所に立つ大人の料理のプロセス、ご飯の支度のプロセスのすべてが見えているわけではありません。子どもたちは、自分の目に飛び込んできて、印象に残る姿を真似ることからままごと遊びを始めます。これをシンボル＝象徴遊びといい、その道具をシンボル道具といいます。フライパンを振る動作だったり、食器を洗う動作だったり、最初は単純にそのシンボル道具の動きを繰り返し真似ることから始まるのです。ですから、まず調理器具を用意してあげましょう。続いて、食器を用意する、食材を用意する、という順番でままごと遊びの道具を整えてあげてください。

アスコおなべセット

アスコディナーセット

本物の調理器具は使わない

実際に台所で使っていたおなべなどの調理器具や食器を遊びに下ろすのは子どもたちの遊びの世界に混乱を招きます。なぜでしょうか？　遊びと生活の区別ができなくなってしまうからです。遊びに使ってよいもの＝おもちゃと、遊びでは使ってはいけないもの＝生活の道具をはっきり分けてあげることで、子どもたちは、「今は遊びの時間」、「今は生活の時間」という区別とわきまえを身につけるのです。実際に使っていた調理器具でお料理して遊んでいる子どもたちが、ますます、ままごとが好きになったとしましょう。真似して作るお料理も、一品から二品、三品と増えていくわけです。当然調理器具は増やしたい。大人が与えてくれたのが実際の調理器具のフライパンのお下がりだとしたら、増やすのは簡単、今大人が使っている現役の調理器具を引っ張り出してくるわけです。ですが、そうすると大人からきついお叱りを受ける。子どもには、その理由は理解できません。おもちゃはおもちゃ、本物は本物と区別することは、子どもたちが安心して遊び続けるために必要な環境づくりなのです。ままごとは、日常のなかにファンタジーの世界をつくる遊びでとても重要です。ですから、安心して集中できる道具と環境を与えてほしいのです。

ままごとの食材としては、具体的な食べ物の形をしているものもよいのですが、チェーンリングは、想像を広げて、さまざまな食材として見立てられる点で、揃えてよいおもちゃだと思います。ただし、いわゆる「百円ショップ」など、原料やメーカーが確認できないところで購入するのは、

チェーンリング

子どもの健康を守るためにも控えましょう。大人から与えられたおもちゃで、子どもたちが将来、健康を損ねてはあまりにも残念ですから。

親子の愛着から生まれるごっこ遊び

カルテットのおままごと体験コーナーは、子どもたちの人気のコーナーです。初めて出会った女の子と男の子が、夫婦役で遊んでいる、なんていう微笑ましい光景もときどき見られます。あるとき、そのコーナーから元気な女の子の声が聞こえてきました。「あなた、もう会社に行く時間でしょ。早くご飯を食べてお支度しなさーい」と。ちょっと離れた絵本のコーナーで、顔を真っ赤にしたお客様が……。その女の子のお母さんでした。きくと、ご自分の口調そっくりに、ご主人に言っているのと同じセリフを言っていたそうです。おままごとの始まりは、大好きな人の真似から始まります。もちろん、こんなふうに真似られたら、ちょっと恥ずかしいかもしれませんが、ご安心ください。自分は愛されているのだと、実感している証拠が、ままごと遊びなのです。

男の子がお母さんの真似をしているのを女々しいと誤解しないでください。愛されていることを素直に喜んでいるのです。ですから、男の子、女の子の分け隔てなく遊ばせてあげなければいけないのです。お母さんからの男の子への愛情は、女の子の半分、なんてことは決してありませんね。純粋に大好きな気持ちからお母さんを真似たくなるのです。その自然な気持ちを抑制するほうが、不自然に子どもの欲求を残してしまいかねません。遊びたいときにたっぷり遊ばせてあげると、満ち足りて、バランスよくいろいろな遊びをするようになるのです。

ごっこ遊びは、親子の愛着から生まれます。そして生活の体験。お買い物に一緒に行く。お母さんのお出かけに一緒に行く。日常の体験が遊びの材料です。ですから、ごっこ遊びは遊ぶほど上手になっていく遊びです。遊んでみたら、自然とお母さんの行動、周囲の大人の行動がよく見えるようになってきます。レジで何をしているんだろう？お店屋さんとどんな会話をしているんだろう？　いちいち質問しなくても、知らず知らず意識して感じるようになるのです。子どもたちは大人の会話が大好きです。どうぞ、聞かせてあげてください。八百屋さんとのやり取りやレストランでの注文。その一つ一つの大人同士のかかわりが、子どもたちのごっこ遊びの材料になり、人とかかわる力、社会性を育てることにつながっていくのです。すべてのお買い物が、タブレットやPCだけで、会話なしに完結するようになると、子どもたちが大人を真似て社会性を学ぶ機会が失われていきます。そうならないことを願っています。

さて、道具としてのおもちゃの存在は、ごっこ遊びには欠かせません。道具なくして遊びは起こらない、とはっきりいえます。ですから、ごっこ遊びのための道具を吟味してあげてください。そして遊んでいいよという許可、承認が大切です。遊びの専門家は、子どもたちが、より質の高い遊びに向かうためには、「時間の保障」「空間の保障」「量の保障」が必要である、と言いました。遊ぶ時間があること、場所があること、そしておもちゃが足りているということです。

どうぞ先ほど書いた、本物の調理器具の悲劇を起こさないようにしてください。ここからここまでは遊んでいいよという線引きが、子どもと大人との間にあたかも見えているかのように、わかりやすいことが必要です。これは遊んでいいよ、これは遊んではだめだよということです。おうちの中では、おじいちゃん、おばあちゃん、お父さん、お母さん、周りの人たちで一つのルールにしてあげてほしいのです。そして上手にごっこ遊びを演じて遊んでいたら、「よくできたね」とほほ笑んであげる、声をかけてあげる。できるだけ一緒に遊んであげるということです。そして、それは繰り返してほしいのです。繰り返すことによって、遊びは成熟していきます。道具がもっと必要になってくるでしょう。ごっこ遊びは、上手になるとストーリーがより具体的になっていきます。そして長いストーリーに広がっていくのです。

働く意欲を育てるごっこ遊び

五、六歳になってくると、もっと上手にごっこ遊びができるようになります。たとえばおもちゃとして人気があるものに、お医者さんごっこのセットがあります。ですが、お医者さんごっこは必ずしもお医者さんになりたい子がするわけではありません。お医者さんが嫌いな子が、恐怖心を克服する動機で遊ぶこともあるのです。いわば予行練習ですね。ですから、保育園での予防接種で、子どもたちがさんざん泣いたあとで、熱心にお医者さんごっこをしている姿も見られます。お医者さんごっこだけでなく、お店屋さんごっこは、どんどんやらせてあげてください。

あるとき、保育園でのお医者さんごっこを観察研究したことがありました。子どもたちは、聴診器と体温計、お人形で、お医者さん、お母さんと赤ちゃんを演じていました。最初は診察室での診察のシーンです。しばらくすると、注射や処置をするようになっていました。ところがさらに続けていくと、待合室で診察券を出すところから遊びたい、と子どもたちが言い出しました。そのための道具を追加して、しばらく遊ばせていると、今度は、お薬を受け取るところを遊びたい、と言い出したので、お薬を小道具として用意してあげました。こうして、子どもたちは、お医者さんごっこをするようになってから、自分が病院に行くといろいろなことに気づくようになったのです。受付で何が起こっているのか、処置してもらったあと、何があるのか。ごっこ遊びをすることによって、感性が豊かになり、気づきがあるのです。大人になんとなく手を引かれて生活するのではなく、子どもながらに、見通しを持てるようになるのです。だからこそ幼児期、学童期にたっぷりと遊ばせてあげてほしいのです。

ごっこ遊びは、働く意欲を育てる遊びです。保育園や幼稚園には保育参観という時間がありますね。そんなとき、子どもたちがごっこ遊びをしていたら、観察してみてください。ときにお店やさんやお医者さん役の子どもがどれだけ張り切っても、お客さんや患者さんが一向に来てくれないことがあります。どんなにケーキがいっぱい並んでいて、どんなにお医者さんが白衣をしっかり着て患者さんを待ち構えていても、誰も来てくれないことがあります。ところが、誰も来てくれなくても、健気にお店屋さんやお医者さんを演じて遊びたい子どもたちは、ケーキ屋さんをやりたい、お医者さんをやりたいというのです。

なぜでしょう？　それはよいモデルを見て、真似したいと思っているからなのです。お母さんに連れて行ってもらったケーキ屋さんで美味しいケーキを買ってもらったり、お医者

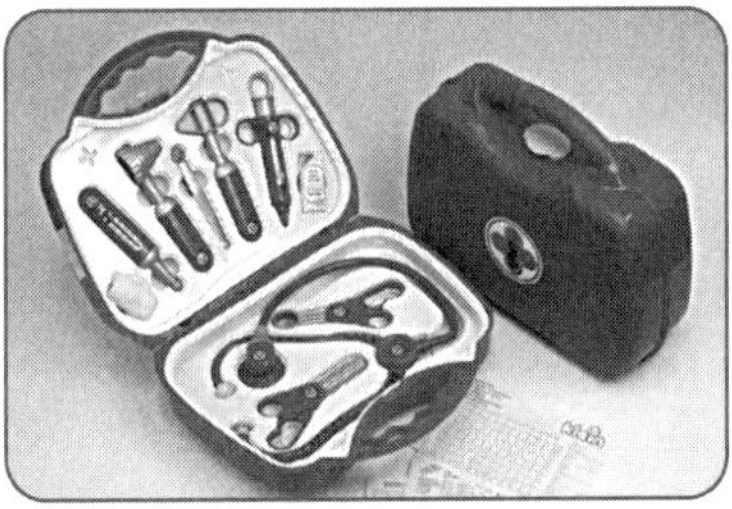
お医者さんセット

さんで自分は風邪で苦しんでいて、余裕はなくても、お母さんがお医者さんにすがるように「大丈夫でしょうか？」と言って治療をしてもらう。注射やお医者さんは好きになれなくても、大人の様子を見て、状況を理解しているのです。客観的には、「なんて素敵な大人だろう」という出会いと体験をしているのです。ですから、お客さんや患者さんが来てくれなくても、お店屋さん、お医者さんをはじめとする、ごっこ遊びをしようとするのです。子どもたちは働きたいのです。人を幸せにできる大人を、よい働くモデルを真似したい、それがごっこ遊びなのです。ごっこ遊びを子どもたち同士で体験することで、子どもたちはよい大人になること、社会的なかかわりを持つことの喜びを培っていくのです。

ところが、最近では幼児期から学童期にかけて、こういう遊びをする時間が少なくなってきています。子どもたちは忙し過ぎて遊べないのだそうです。遊ぶ時間がないと働く喜びを学ぶ時間も作れないのです。働く意欲は、中学、高校になってから急に育つのではありません。本来は、幼児期、学童期にごっこ遊びを通して自然に育つものなのです。極端なことをいえば、ごっこ遊びの体験を十分にしないで、優秀な大学に行っても、社会に出るときに働く意欲が育っていなければどうしようもないということです。

七　子どもの育ちとおもちゃ

一人で遊ぶということ

比較的多い質問に、「一人で遊べるようにするには、どうしたらいいでしょうか?」というものがあります。この質問の答えは簡単ですが、実行するのは難しい。なぜなら、「一人で遊ぶようになるためには、まず、一緒に遊んであげることに限る」からです。急がば回れ、です。子どもは安心と自信との両方があってはじめて、一人で遊ぶことができるようになるのです。安心とは、振り返ったときに、必ず見守る温かい目線を感じることです。いつ振り返っても自分は見守られているんだ、という安心感をもたせてあげることなのです。

二つ目は、大人が遊んであげることです。この「遊んであげる」というのは、遊び方を教えることではありません。文字通り、「遊ぶ」のです。遊び方よりも、その遊びを楽しんでいる姿を見せてあげてください。大人が夢中になっているものを子どもは放ってはおけません。大人が使っている携帯やパソコンにすぐに関心をもつのは、大好きな大人が夢中になっているものを放っておけないからなのです。楽しんで遊んでいる姿を見せてあげることで、その遊びに見通しを持たせてあげられるのです。すると、遊び方がわかるようになるので、少しずつ一人で遊ぶようになるのです。「面白そう」という呼び水が必要なのです。

子どもが遊ばないときでさえ、みなさんがおもちゃで遊んで見せること。遊ぶことの楽しさを見せることで伝えるということなのです。積木も最初、積むのは大人、崩すのは子どもでしたね。人形遊びも最初に人形をかわいがるのは大人です。早く一人で遊んでほしいという気持ちがあっても、まだ一人で遊ぶことができない子にそれを押し付けると、かえって遊ばなくなってしまいます。それは、不安だからです。大人には突き放される。遊びには見通しがない。いつまでたっても「ママ、ママ」と言ってくるのは、自立できるようになるのを待てずに、無理やり一人立ちさせようとしたことが原因だったりするのです。見守られている安心感と、遊びに対しての見通しがもてるようになると、少しずつ、「自立」していくのです。

もし子どもが一人で遊ぶことができるようになったら、「ママも一緒に遊んでいい？」ときいてみてください。「お母さんも遊ばせくれる？」と言ってみてください。「いいよ」

と言って一緒に遊んでくれることもあるでしょうし、「いいえ」とお断りされてしまうこともあるでしょう。いずれにしても、自立できているということです。

片づけにこだわらない

片づけることもまた、「大人が片づけてあげること」に限ります。大人が楽しそうに片づける姿を見せ続けてください。子どもにとって、お片づけは楽しいことだ、と信じられるようになるまで続けることです。

「わるいけど、お片づけは楽しくて大好きなあなたにでさえ、やらせられないわ」という感じです。そうすると、本当に片づけられる子どもになります。モデリング＝大人を真似ることが、「片づける」という動作を真似るのではなく、「片づけは楽しい」という大人の片づけに対する「姿勢」を真似させるわけです。

ただし、まずは、片づけることよりも、遊びに専念させてあげることを優先してほしいと思います。子どもたちにとって、片づけとはどういう意味をもつのでしょうか？片づけをプロスポーツ選手に置きかえて考えてみましょう。アマチュアからプロになるスポーツ選手は、次第に身の回りのことを人に任せるようになります。それは試合に集中するためです。プロスポーツ選手には、何より結果が求められるからです。だからスポーツそのものに、専念する必要があるわけですね。子どもたちには、まず遊びに集中させてあげることを考えましょう。

少年野球や子どもたちのスポーツクラブでも、子どもたちは練習するために大人の助けが必要です。練習への送り迎えを大人がしてあげる。子どもが楽しくスポーツに専念できる環境を大人が整えてあげるわけです。同じように、子どものお片づけを子どもにさせることにこだわらないでほしいのです。時が来ると大人のまねをして、お片づけをするようになるのです。

遊びを大人にとってのレジャーのようには捉えないようにしてほしいと思うのです。娯楽というよりも、むしろ「生き方を学ぶ勉強」と捉えてほしいのです。「遊び」がいかに人間形成に重要か、ということです。積木、ままごとなどの遊びを豊かに体験する子どもたちには、落ち着いて、見通しを持って、創造的に生きていく力が「遊び」を通して育つのです。

子どもは与えられたおもちゃでは遊ばない？

「シロフォン付玉の塔を子どもに買い与えたのだけど、うちの子、見向きもしないいんです」「ネフスピールを買い与えました。最初の一週間は遊んでいましたが、二週間目から全然遊ばなくなったんです」ということもあります。

まずはあせらず、「楽しく遊ぶお手本」を見せましょう。次に、わが子の興味関心を観察してみましょう。発達の欲求に基づくおもちゃへの興味は、出会うというきっかけだけでなく、子どもの内側にある成長というステップによるものです。それがタイミングというものなのです。ですから、与えるタイミングが早すぎるということもあります。もし、早すぎるようであれば、それは出番を待たせればいいのです。二、三週間後、また、子どもの前で遊んで見せる。まだピンとこないようなら、またしばらく様子を見る。と、繰り返して子どものなかでそのおもちゃに対してのスイッチが入るのを待つのです。

ただし、よいおもちゃであっても百発百中であると思わないでくださいね。おもちゃは遊ぶ道具であって教材ではないのです。強制的に使わせるものではなく、主体は子どもの側にあるのです。ですから「好き、嫌い」があることのほうがよいことなのです。よいおもちゃを子どもの前に「環境」として用意してあげましょう。よい環境を子どものために用意する。そのなかで子どもが主体的に選んで、つまり自己決定して遊びを選び取っていくのです。それが、「よい遊び方」なのです。選ぶためには、選ばれないおもちゃが必要です。その選び取ったおもちゃを子どもは集中して遊ぶのです。それでも、一つのおもちゃ、一つの遊びに対しては飽きてくるので、次の「よい遊び」を用意しておくのです。

子どもがおもちゃで遊ばないようでしたら、「なぜ遊ばないのか？」の理由を探してみましょう。必ず理由があるのです。その理由が見えてくると、子どもの気持ちがわかるようになるのです。

子どもが、「あなたが遊んでほしいおもちゃ」で遊んでいないとき、何をしていますか？　そのことに着目しましょう。積木で遊ばないときに何をしているのでしょうか？　おままごとで遊んでいたり、シロフォン付玉の塔で遊んでいたり、ハンマートイを叩いていたり、ですね。その点、子どもにとっての「遊び」は小学校の「授業」と同じなのです。国語の時間には、国語を学び、算数は学びません。同じようにままごとで遊んでいるときに積木では遊ばないのです。長い目で子どもの興味の移り変わりを見守ってあげましょう。

遊びは「らせん状」に成長する

積木、ままごと、絵本と、子どもが夢中になるものは時とともに変わっていきます。まるで移り気であるかのようです。積木に夢中だったはずなのに、違うおもちゃに気が移ったら、積木ではすっかり遊ばなくなってしまいます……。ああ、積木遊びはこれでおしまいか、とは思わないでくださいね。子どもたちは、らせん状の階段を上っていくかのように、積木遊び、ままごと、絵本や塗り絵、人形遊び、カードゲーム、というようにうに、よいおもちゃの間を順番に移っていくのです。飽きているように見えたとしても、心配しないでくださいね。小さな成長なのですから。

小学校の授業は、国語が終わると算数、算数が終わると理科、というようにバランスよく勉強をさせるように工夫されています。それこそ、飽きてしまわないように、工夫されているのです。バランスよくいろいろな科目を学びながら、単元が少しずつ進んでいく訳です。そして一年生から二年生になると、一年生の国語を繰り返したりはしませんね。一年生より難しい二年生の国語の勉強をする。そして、難しくなることは、やる気のある子どもたちにとっては楽しいことでもあるのです。一年で、成長していますからね。遊びでも同じなのです。勉強と同じように、そのとき、そのときの遊びに真剣に取り組んで、いま遊んでいない遊びはあたかも忘れているようでも、それを繰り返しながら、成長するのです。ですから、そのらせんの階段を一周すると、積木遊びは同じ積木遊びでも、前よりずっと上手になっている。工夫できるようになっている。手先も器用になっている。見立てる想像力の広がりも大きくなっている訳です。

だからこそ、よいおもちゃを用意しておいてあげないといけないのです。先に紹介した積木は、五歳、十歳でも本格的に遊べるものです。一歳で遊んで、しばらく遊ばない時期を経て、また遊んで、を繰り返して、ふたたび同じ積木に戻ってきても、成長した子どもたちの高い要求に十分に応える品質なのです。こうして繰り返し遊ぶから、天井まで積んだり、大きな作品を作ったり、たくさんの友だちが参加しても仲良く遊べるようになるのです。

遊びは「らせん状」に成長する。どうぞ、覚えておいてくださいね。

子どもは「バネ」のように育つ

「赤ちゃんがえり」という言葉がありますね。年齢相応に育っていたはずなのに、急に幼くなる。できていたはずのことができなくなる。お姉ちゃんらしく、お兄ちゃんらしく振舞うことができなくなる。そんなときは、「子どもはバネのように育つ」と思い出してください。バネは伸び続けていたら切れてしまいます。元気よく弾むためには、伸びっぱなしではなく縮む、そして伸びる、の繰り返しが必要なのです。子どもたちは、上へ、上へとひまわりのように伸びようとするのですが、縮むこともときには必要なのです。

弟や妹が生まれたことがきっかけになりやすいのですが、どんなときでも、ときにはプツン、と緊張の糸が切れたように「赤ちゃんがえり」してしまうことはあるのです。子どもがそんな様子になったら、「基本的信頼」を確かめているんだな、と思ってあげてください。お母さんに甘えたい。何もできなくても「大好きよ」と言ってほしい、ということです。「甘えさせていいんですか?」とよくきかれますが、いいのです。子どもはバネのように育つのです。お母さんの膝に入ってたっぷり甘えたら、お母さんの愛情を確かめられるのです。愛情を確かめられたら安心して、自分でその膝から出て行くのです。

保育園や幼稚園に、胸をときめかせて入園したばかりの子どもたちが、似たような様子になることもよくあります。自分の身の回りのことを自分でできるようになって、入園したのに、家に帰ってくると、まるで赤ちゃんのように何もできない。心配になってクラスの先生や園長先生にきいてみると、「お宅のお子さん、園ではちゃんとやっていますよ」と言われるのですが、家では全く甘えん坊。「お兄ちゃんになったんだから」「お姉ちゃんになったんだから」とつい言いたくなっても、そこはぐっとこらえて受け止めてあげてください。家の外で精一杯頑張っている分、家ではその反動で甘えたいのです。それでいいのです。家は甘える場所。外では頑張っていることを信じる。実際にそんな子どもは、本当に外では頑張っているのです。バネのようにパンパンに伸びた状態で張り詰めているのですから、そんな子に「もっと頑張らなきゃ駄目」と追い討ちをかけてはいけないのです。

最近は残念なことに、お母さんが迎えに来るとよい子になるけれども、お母さんがいないところでは、好き勝手に振舞うという子どもが増えています。家で、受け止めてもらえていないのですね。家で甘えられない分、外でわがままを通さないと収まらないのです。お母さんに信じてもらえていないので、子どももお母さんを信じられなくなっているのです。信じ合えない関係が、思春期にもつれとなって表面に現れるのです。

ですから、家で甘える子どもの姿を見ながら、「外では頑張っているんだなあ」と信じてあげてくださいね。

子どもの心を映すもの

毎朝、私たちは鏡を見ます。ああ、「今日は寝不足だな」とか、「いい笑顔を作ろう」とか、鏡を見て一日を始めます。子育てをしていると、子どもたちを導くために子どもの心が見える鏡があればいいのに……と思うことがあるかもしれません。子どもたちの心をどうやって映してみればいいでしょう。実は、子どもの心は、おもちゃと絵本に映し出されるのです。遊びのなかに、ありのままの子どもの姿が映し出されます。嬉しいことも悲しいことも、楽しいことも映し出されます。楽しそうに遊ぶ、つまらなそうに遊ぶ。遊びたがらないくらい悲しいときもあります。子どもの心はおもちゃと絵本を通して、映し出されていくのです。

おもちゃを教材として与えたら、心は見えません。ありのままの姿では遊ばないからです。自分から、遊びたいときに遊ぶ環境、雰囲気、おもちゃを用意しておく。安心できる時間と場所を与える。そうすると、子どもたちは心を開き、ありのままの姿を見せてくれるのです。絵本で子どもの心を映し出す方法は、後半でお伝えしたいと思います。

お医者さんは、目に見えないからだのなかでの変化を体温や、喉の様子、心音などを総合的に判断し、たとえば、内科の先生なら「風邪ですね。お薬を出しておきましょう」などと診断をします。おもちゃが、お医者さんにとっての聴診器のような役割を果たして、子どもの見えない心のなかが見えるようになっていくのです。

子どもに対して「こうあってほしい」という気持ちが強すぎると、子どもの心は見えません。あなたの五感を総動員して、ありのままの子どもの気持ちを受け止め、子どもの心を感じてみてください。そうすると、子どもの心は、見えるのです。

八　ドイツのゲームで真剣勝負

◇◇◇◇◇◇◇◇◇◇◇◇◇◇◇◇◇◇◇◇◇◇

カードゲームとの出会い

長男が二歳を過ぎた正月のことです。キンダーメモリーというカードゲームに出会いました。神経衰弱の遊びなのですが、すべて絵カードなのです。このキンダーメモリーに出会ってから、わが家のゲーム三昧の日々が始まりました。ゲームといっても、テレビゲームや電気を使ったゲームではありません。ドイツやヨーロッパで遊ばれている、カードゲームとボードゲームです。

キンダーメモリー

キンダーメモリーは、三十三組の絵カードです。神経衰弱と同じ遊び方で、ペアのカードを集めていくわけです。ですが、トランプのように記号と記号の組み合わせではありません。一つ一つが絵なので、言葉が育つのです。「アイスクリーム」「お家」「オートバイ」「イチゴ」というように、子どもたちはカードを取りながら自然に言葉を使い、イメージするのです。そして、このゲーム、記憶力を使うのですが、二歳から三歳の子どもたちは、伸び盛りです。しばらく遊ぶと、息子は私に勝ってしまうようになりました。ちょっと真面目に勝負しようかと思う間もなく、勝てなくなってしまいました。
子どもにとって、親にゲームで勝つことほど、嬉しいことはありません。ゲームをするごとに、真剣勝負が始まりました。

クイップス

四枚のボードに、四色のペグのための穴があり、色のさいころと数のさいころを振って、その穴を埋めていくゲームです。最初は、穴を正しいペグで埋めるだけでも楽しい。そして、時間をたっぷりかけて集中できるゲームです。

キンダーメモリー

クイップス

ハリガリ

四種類の果物、イチゴ、バナナ、ライム、プラムのカードがあって、それぞれに一〜五個が描かれています。順番にカードを出していき、場に同じ果物の合計が五つになったら、真ん中のベルを「チーン」と鳴らします。早い者勝ちのゲームです。数字の足し算、引き算は小学生からですが、絵で直感的に数を見られるので、五歳から遊ぶことができます。

ハリガリ

ゲームは、クイップスのように、さいころで進めるような偶然勝つゲームと、キンダーメモリーやハリガリのように、何かの能力を使って勝つゲームに大きく分けられます。いろいろな力で、いろいろな筋書きがあることが、子どもも大人も本気にさせてくれるのです。

ゲームは、親に勝てるのが楽しい、きょうだいや友だちに勝てるのが楽しい、と本気で戦うわけですが、勝ったり負けたりするのは、実は自分に勝つ、自分に向き合う遊びをしているのです。ルールを守る。順番を守る。負けを受け入れることなしに、人と一緒にゲームを楽しむことはできません。悔しがって地団駄を踏んだり、かんしゃくを起こしたりするので、大人が心配することもありますが、ご心配には及びません。この時期にドイツのゲームを通して勝ったり負けたりの経験をたくさん積んでいる子どもたちは、思春期になって「キレたり」しないのです。人と人とで向き合って、真剣勝負を積むことで、社会性、そして人間関係を上手に築けるようになっていくのです。

ドイツのゲーム事情

ドイツ・セレクタ社の社長と話していたときのこと、ドイツの子どもたちは、保育園や幼稚園でカードゲームやボードゲームで遊び、家に帰ると友だちと遊び、夜になると親子で遊ぶのだそうです。そして、子どもが大きくなって独り立ちすると、夫婦でゲームで遊ぶようになるというのです。そして、しばらくすると、孫にゲームを教えるようになるそうです。

ドイツ出張の際、一階が居酒屋になっているガストホフという民宿に宿を取ったときのことです。日が暮れると、どこからともなく大人たちがお酒を飲みに集まって来ていて、カードゲームに興じているのです。お年寄りも若者も同じテーブルを囲んで和気あいあいと楽しんでいる、それがドイツの日常なのです。

九　赤ちゃんからお年寄りまで

おもちゃとともに大きくなる

絵本とじっくり向き合う子育て、おもちゃでじっくり取り組む子育ては、ときには少数派に感じられるかもしれません。でも、子どもを強すぎる刺激から守ってあげられるのは、父親、母親しかいないのです。世の中の子どもに対する刺激はおしなべて強すぎます。私が生まれた弘前市では、夏になるとリンゴ畑で、すべてのリンゴに袋をかける作業が始まります。おいしいリンゴにするためには、夏の日差しは強すぎるのです。子どもに対しても、強すぎる刺激から守ってあげたいと思います。優しい覆いをかけて、子ども自身の育つ力で、ちょっとずつ、ちょっとずつ成長するのを見守りながら、寄り添ってあげたいと思うのです。

木のおもちゃで遊ぶのは何歳まででしょうか？　答えは「一生」です。遊び終わったおもちゃは、たとえ親しい親戚であっても、できればあげてしまわないでいただきたいのです。よいおもちゃで遊んだ時間は子どもにとってかけがえのないもの、温かい思い出です。おもちゃには愛着があるのです。自分の分身のようなものです。そんな昔遊んだおもちゃを見ると、思春期になってイライラしているときも、その気持ちを落ち着かせることができるのです。そして、ときどき触れてみて、遊んでみてそのころのことを思い出すのです。

小学生から中学生にかけては、キュボロ、ドールハウス、はたおり機や手仕事、ウォルドルフ人形、カードゲーム、ボードゲーム、ネフの積木と、知的な遊びができるようになります。手作りの喜びを知り、遊びだけでなく、実用品になる作品を家に飾るようになります。そして、部活や勉強を楽しみ、よい人間関係をつくりながら思春期を迎えるのです。

思春期もおもちゃや絵本の話題で

思春期を恐れる必要はありません。乳児期、幼児期、そして学童期の子どもたちと向き合ってきたことを思い出してほしいのです。子どもを信じてあげること。食べたいおかず、趣味や友だち、子どもが大切にしているものを、子どもと同じくらい大切に思うこと。よいもの、よいことを共有すること。この時期の子どもたちは、反抗と依存を繰り返し、バネのように、それが訪れるのです。子どもたちとの時間は、少なくなっていきますが、ますます充実してくるのです。

子どもが困っていることに敏感になりましょう。いらだったり、寡黙になったり、子どもからの信号は、常に発信され続けているのです。おもちゃの話題、絵本の話題を適度に持ち出して、それまで築いてきた土台をさりげなく確認しておきましょう。

カードゲーム、ボードゲームは放課後の活動に次第に取り入れられつつあります。ぜひ、お子さんの通っている学校で、「ドイツゲームクラブ」をつくって活動なさることをおすすめします。現在、大学生の長男は、サークルの仲間と、昔、わが家で遊んでいたゲームをときどき楽しんでいるそうです。

自分が育ったおもちゃと絵本で子育てを

カルテットには、パパやママになりたてのご夫婦がよく訪れてくださいます。新米ママが赤ちゃんの絵本を選びにいらっしゃったのに、大きい子ども向けの絵本の棚に釘付けになって、「あ、これ読んでもらったんだよ、この本も覚えているよ」と、嬉しそうに新米パパに話しかけていました。なんてステキな光景なんでしょう。絵本をたっぷり読んでもらって親になったお母さんは、自分が読んでもらった絵本をはっきり覚えています。それだけでなく、ストーリーも、読んでくれた人の温もりも、です。新しく絵本やおもちゃを買い直していただくより、自分が読んでもらった絵本や、遊んでもらったおもちゃをそのまま子育てに使えるのなら、ぜひそうしてほしいと思います。ドイツのおもちゃの文化は使い捨てではありません。ひと世代ごとに、少しずつ、よいおもちゃを増やしていくのです。パパが遊んだ積木で遊ぶ。愛された思い出とともに遊ぶのです。よい絵本、よいおもちゃで子育てするということは、その子どもたちが親になったときに、何をしたらいいのか、ということまでを伝承しているのです。愛の伝承なのですね。

お年寄りにおもちゃを

おじいちゃんやおばあちゃんのために、おもちゃやゲームを購入していただく機会も増えてきました。キュボロやカードゲームを購入して帰られたお客様が、次の週にお電話をくださいました。「我が家のなかに、お婆ちゃんとの間に、初めて平和が訪れました」と。そうなのです。よいおもちゃは、決して幼稚なおもちゃではないのです。大人の目利き、プライドに見合ったおもちゃなのです。私は、カルテットのおもちゃは、家族を平和にするおもちゃであれ、と願っています。

地面にしっかりと根ざし、ご家族に笑顔が溢れるために、カルテットとカルテットのおもちゃはあるのです。

十　絵本を読み聞かせること

読み手は子どものそばにいる大人

絵本の読み手に相応しいのは誰でしょう？　声優？　アナウンサー？　いいえ違うのです。子どものそばにいる大人です。その子どもを愛している人です。ＣＤで絵本の読み聞かせをしたつもりになるのは、やめてくださいね。子どもは気まぐれ、夢中になるときもあれば、飽きてしまうときもあります。大人が選んだ絵本をお断りすることもあります。そんな、いわば気まぐれな子どもに、忍耐強くつき合ってくれる大人こそ、絵本の読み手に相応しいのです。それは、子どもの声や、気持ちに耳を傾けているからです。子どもの声と気持ちを聞いてあげている人こそ、子どもに聞いてもらうことに相応しいのです。朗読が「上手」であることが、絵本の読み手の資格ではないのです。

声色で引きつけるような「演じる」読み方は、紙芝居の読み方であって、本来、絵本の読み方ではありません。絵本の方向性は、童話、文学となり、自分で読んで、想像でその世界を心のなかに思い浮かべていくものだからです。絵を手がかりにして、言葉を深く想像していくわけです。紙芝居こそ、演じるものです。ト書きが用意されいますね。紙芝居は、紙芝居だけでは完成しません。演じ手の演技があって、完成するものです。

「声色をつけないと絵本を聞いてくれないんです」と言われます。確かに絵本を聞かせるのは難しい。でも、絵本は開かれた心の耳と心の目を通してしか、入っていかないのです。時間を掛けてでも、心を開くところから始めましょう。せっかく読み聞かせ上手になろうとするのなら、面白おかしくて、心に残らない絵本体験をさせるのではなく、静かに淡々と語っても、深く子どもの心に、空想の世界を刻み込む読み聞かせをしましょう。決してテクニックではありません。子どもと心と心で向き合うのです。子どもの心を見て、受け止めるのです。大人が受け止めてくれていることがわかると、子どもは心を開きます。そこに、素晴らしいお話の世界を注ぎ込むのです。そこまできたら、上手な読み方を心がけましょう。お話を下読みし、その世界を思いめぐらし、子どもの前で慌てず騒がず、子どもの聞きたい気持ちを引き出しましょう。

書いてあることを書いてある通りに読み、言葉を優しく手渡すのです。遠くに投げつけるようにではなく、目の前にいる子どもに一人なら一人に、二人なら二人に、たくさんの人数でも、一人一人に、大きすぎない声で手渡すように読んでいくのです。「大阪の訛が抜けないんです」という保育士さんがいました。でも、その訛りは抜けなくてよいのです。知らない人ではなく、大好きな先生が大切な子どもたちのために読んでいるのです。同じ理由で、読むこともたどたどしい、おじいちゃんやパパが読んでもよいのです。

書いてあることを書いてある通りに読む

書いてあることを書いてある通りに読む、とは一字一句崩さないことです。ですが、それだけでありません。絵本には、文体があり、活字の形の字体というものがあります。文字の配置にも、作者は気を遣います。その一つ一つに意味があるからです。

ですから、「書いてある通り」というのは、作者、画家、編集者が伝えようとすることを「すべて」書いてある通りに読むということなのです。とても深いですね。そして、それは、絵本の世界に入れば入るほど、とんでもないくらい、面白い世界なのです。

上手下手は、二重構造です。上手であればあったほうがいい。でも、上手でなくてもよいのです。子どものそばには、絵本を読んでくれる「誰か」という存在が必要です。そして絵本は、数冊、数回ではなく、長い間、たくさんの絵本をたくさん読んでもらわなくてはいけないからです。あなたのそばに子どもがいたら、あなたは読み手になる資格があるのです。

元保育士で絵本作家の長谷川摂子さんから絵本の読み聞かせ方について伺ったときのことです。長谷川さんは『もこもこもこ』という絵本の読み聞かせで悩んだとき、「昨日はジャズ調、今日はロック調」と、読み方を替えて試してみたことがあったそうです。なるほど、絵本の読み方は、子どもにきいてみるのも一つです。ただし、「今日の読み方どうだった？」と直接きくのではなく、五感で子どもの反応を確かめるのです。すると、読むことだけに全力を傾けているわけにはいきませんね。力を抜いて、子どもの反応も確かめながら読まなければなりません。それがよいのです。肩の力を抜いて、神経の使い方を読む方に半分、子どもの様子を感じる方に半分と分けておきましょう。絵本の読み聞かせをしているとき、子どもの心が見えるようになるのです。その体験をあなたもぜひしてほしいと思います。

読み聞かせはいつからでも始められる

「赤ちゃんの絵本は、いつから読み始めたらいいですか？」という質問に対して、私は「十か月を目安にして絵本を与えてみましょう」とお答えしています。赤ちゃんの間にたっぷり絵本を読み聞かせてあげましょうと。

するると、絵本の楽しみは膨らんでいきます。二歳、三歳と大好きな絵本を一冊ずつ楽しみながら、たくさんの絵本の世界を経験して幼児期を過ごしましょう。絵本と、そして楽しい絵本タイムの思い出を一杯蓄えさせて、小学校に送り出してあげましょう。そしてさらに、絵本から童話を楽しみ、世界を広げて、空想の世界をたっぷり楽しみ、想像力を豊かにして、大人へのステップへと進ませてあげましょう。ですが、もしあなたのお子さんが、もう五歳になっていたら？　あるいは小学生だったら？　もう手遅れなのでしょうか？　いいえ違います。お話の世界は、何歳からでも始めることができます。「手遅れ」なんてないのです。

小学生になってからでも、読み聞かせや読書の楽しみは始められます。素晴らしい、子ども時代にしか体験できない空想の世界、心に勇気と希望を溢れさせてくれる世界に、ぜひ導いてあげてください。子どもたちは、大人が寄り添ってくれる時間をいつだって、何より楽しみにしています。

お話を聞いてくれないのではないか、と心配な方は、最近の親子の時間の過ごし方を振り返ってみてください。子どもの気持ちを聞いてあげていますか？　叱ってばかり、大人のいい分ばかりを伝えてはいませんか？　子どもが大好きなことに関心をもってあげていますか？　無理に聞き出そうとしてはいませんか？　年齢が進むに連れて、子どもの心を開くには、時間がかかるようになります。閉ざしっぱなしのように見えることもあるでしょう。でも、親子の間で心を開く鍵は、一生涯親がもっているのです。親が優しく接する。ありのままを受け入れる。そして子どもの本音を聞いてあげられる関係に戻れば、いつでも子どもたちは、親の元へと帰って来て、親の気持ちを受け止めてくれるのです。そういう親子関係のなかで、「お話を聞いてちょうだい」と、ちょっとだけ、昔より控え目に子どもに聞いてもらうのです。

さあ、十か月からでも十歳からでも、子どもと一緒に絵本の世界の扉を開いてみましょう。

十一　赤ちゃんの最初の絵本

「奥付」を知る

赤ちゃんによい絵本を選ぶのに、方法はあるのでしょうか？　どうやって、わが子にぴったりの絵本を選んだらよいのでしょう。この時期のお母さんの心構えは、まず、あせらないこと。急がないこと。あせらず急がず、丁寧に赤ちゃんに絵本を出会わせてあげましょう。

絵本の中身に入る前に、「奥付」を知っておきましょう。本の最後のページの奥付は、出版社名、作者名、印刷所や、発行年月日、刷数、改訂の記録等が情報としてまとめてある、いわば絵本の住民票です。よい絵本はロングセラーです。口コミで、母親から母親へ、保育園や幼稚園、図書館や学校で、読み継がれているものがよいのです。書店で手に取ったらまず、奥付をのぞいてみてください。たとえば、絵本を代表するような、福音館書店の「ぐりとぐら」は平成25年9月15日で第１９８刷、好学社の「スイミー」

が平成25年2月14日で第１０４刷。赤ちゃんの絵本では、童心社の「おふろでちゃぷちゃぷ」が平成25年10月21日で第60刷、グランママ社の「おはよう」が平成24年6月6日で第32刷というように、です。

見せたいものがわかりやすい

では、具体的によい絵本を紹介していきましょう。

『いぬがいっぱい』『ねこがいっぱい』
グレース・スカール　さく
やぶきみちこ　やく
福音館書店

背景の描かれていない小さめのキャンバスに、見開きに一匹ずつ犬が登場します「おりこうないぬ」に「げんきないぬ」「はらぺこいぬ」に……と。赤ちゃんの絵本は背景がないことが大切です。見せたいものが、真ん中にわかりやすく描かれている。そして

お母さんが読んでくれる言葉。最初は、「わんわん」と読んであげたくなりますが、最初から「いぬ」でよいのです。「絵本は書いてあることを書いてある通りに読む」ことが原則でしたね。絵本の読み聞かせは、「今日」の子どもの姿と「未来」の子どもを結びつけるものだからです。絵本の読み聞かせの記憶は心に刻み込まれ、大人の思いを遥かに超えて、深く残っていくのです。今日すべてを理解できなくても大丈夫。絵本は大好きになって繰り返し読むものだから、何度も読んでもらいながら、時間をかけて発見を繰り返すのです。絵本と子どもの関係を、子どもが「わかっている」のか「わかっていないのか」を基準に考えてはいけません。子どもにはわかるのです。言葉と絵の両方を手がかりにして、少しずつわかっていくのです。

わかっているかどうかを確かめすぎてはいけません。池の上に小石を投げると波紋は、時間をかけて広がりますね。子どもの理解も時間がかかるのです。でも、よい絵本は、子どもを引きつける力があるので、何度でも読めるのです。

さて、いろいろな愛らしい犬たちが登場するこの絵本、最後に全員登場のページがあって「いぬがいっぱい。みんないっしょに」と続きます。そして最後に「わんわん」と締めくくられます。こんな赤ちゃんの絵本でも、クライマックスがあり、そこがまたツボなのです。こんな素敵な犬たちが登場する絵本があるということは、やっぱり「ねこがいっぱい」がペアのようにあるのですよ。「みんないっしょに」最後は「にゃあお」。

絵本を繰り返し読むこと

赤ちゃんは、公園デビューをするときがやってきます。公園デビューしてからしばらくは緊張するでしょうが、だんだんなじみの公園になり、勝手知ったる大好きな場所になっていくのです。同じ公園に通い続けることで、季節の変化を感じるようになります。登れなかった築山に登ることができるようになり、遊ぶことができる遊具も増えていきます。成長するには、近くの公園、という「同じ場所」に通うということはとてもよいことなのです。絵本を繰り返し読むことは、子どもたちが公園に通うことで成長している姿によく似ています。同じ絵本を大好きになり、繰り返し読んでもらうことで、少しずつ絵本の面白さ、奥深さを感じていくのです。何年もかかって気づくこともありますし、親になって読み聞かせて初めて気づくことだってあるのです。公園は日替わりではありません。ジャングルジムの場所も、大きさも昨日と同じ。遊具の種類も場所も同じです。それでいいのです。絵本の読み聞かせを毎日脚色してしまうと、同じ入り口から入る公園が、毎日姿を変えているかのようです。今日のジャングルジムは十倍の大きさ、滑り台はなし。明日は、滑り台が巨大化して、代わりにジャングルジムはなし。これでは、子どもはどの公園を「好き」といって言いかわかりませんね。子どもの側がその日の気分で、楽しみ方を選んでいるのです。それは、同じ公園だからこそ、安心して自分の気分で楽しめるのです。絵本は、この点が公園に似ています。子どもが自分から楽しむためにも、そして成長するためにも、何度でも書いてあることを書いてある通りに読んであげなければいけないのです。

『ぴよぴよぴよ』　平野剛　さく　福音館書店

「ぴよぴよ、ぴよぴよ、ぴよぴよぴよ、ぴよぴよぴよぴよぴよ
ぴよぴよぴよ、ぴよぴよぴよぴよぴよぴよぴよぴよぴよ、
ぴよぴよぴよぴよぴよぴよぴよぴよぴよぴよぴよぴよぴよ
ぴよぴよぴよ、ぴよぴよぴよぴよぴよぴよぴよぴよぴよ、
ぴよぴよぴよぴよぴよぴよぴよぴよぴよぴよぴよぴよぴよ
こっこっこっこっ！　ぴよぴよぴよぴよぴよぴよぴよぴよ
ぴよぴよぴよ、ぴよぴよぴよぴよ　おしまい」

私はどんなきっかけで、この絵本を息子たちに与えたのか覚えていません。覚えていませんが、もし絵本屋さんの棚でこの本を手にしても、絵本全体のほとんどすべてが

「ぴよぴよぴよ」で埋め尽くされているこの絵本を子どもたちに与えるかどうか……。でもどうぞ、赤ちゃんに読んでみてください。書いてある通りに読んであげるのです。絵本の作者を信じてみようではありませんか。

作者も画家も、そして絵本を企画した編集者も、赤ちゃんのために文を書き、それに調和する絵を描き、出版しているのです。その通りに読んでみることでしか、出会えない絵本の面白さがあるのです。

まだ、ことばがおぼつかない赤ちゃんでさえ、喜んでケタケタと笑い出します。「ぴよぴよぴよ」とすぐに口ずさむようになります。絵本には、楽しむという大切な面があります。この絵本は言葉の響きを楽しむ絵本です。大人が、赤ちゃんを言葉の響きで、マッサージしてあげているようです。日本語は響きの美しい言語です。赤ちゃんに日本語の美しい響きをたっぷりと注いであげましょう。

ところがこの絵本、「ぴよぴよぴよ」と鳴いているひよこたちはどうも脇役なのです。主人公は一言も台詞がない黒い子猫。でも、子猫の気持ちは絵本のなかでのびのびと表現されています。子猫の気持ちはどうやってわかるのでしょうか？　はい、しっぽでわかります。耳でわかります。目つきでわかるのです。さあ、この子猫、ひよこたちにいよいよいたずらしてやろうか、というところでひよこたちの親鳥が現れるのです。さあかなわないや、といたずらをあきらめた子猫が向かう先は……。

思わず子猫に、「よかったね」と声をかけてあげたくなる温かい絵本なのです。このテキストにはないストーリーを言葉で説明する必要がないのが絵本なのです。繰り返し読んであげる。絵本を大好きにしてあげる。そしてまた繰り返し読んであげる。そうして、二年後、三年後、子どもたちはもしかしたら作者・平野剛さんが用意したこのほほえましい仕掛けに気づくときが来るかもしれません。それが子どものときでなくて、親になって自分の子どもに読んで聞かせてあげたときだったとしても、それはそれで、とてもすてきなことだと思うのです。

性格が違っても同じ絵本が好き

『がたんごとんがたんごとん』　安西水丸　さく

福音館書店

息子たち二人とも、これが絵本デビューの一冊でした。「がたんごとん」「のせてくださーい」のリズミカルな繰り返し。赤ちゃんには身近な哺乳瓶やカップやスプーン、ネコやネズミが、次から次へと汽車に乗り

込んできます。終点は、いただきますのテーブルです。ときにはがたんごとんのリズムに合わせて体を揺すりながら、絵本を楽しんでいました。長男は比較的おとなしい性格で、次男はやんちゃでした。次男はじっとしているのが嫌いで、いつも体を動かす遊びが好きでした。そんな子にはありがちなことなのでしょうが、けがは日常茶飯事でした。小学校を卒業するまでに、なんと骨折三回。骨折か所は四か所です。数が合わないでしょう。一度は、両腕を同時に骨折したからなのです。

そんな二人の性格は、赤ちゃんのときからすでに違っていました。長男はこの絵本を楽しんだ一歳前後のころから物静かな子で、笑うときはケタケタケタ。次男はこの絵本を読んだころから元気な子でした。年齢差が五歳あるので、五年の間をあけて同じ絵本を読んだわけですが、長男と楽しんだあと、五年経って次男もこの絵本を同じように大好きになって「読んで、読んで」。勢い余ってページを破ってしまいました。二人とも、それぞれ違う楽しみ方で、一冊の絵本の世界を楽しむのです。子どもは一人一人あらゆる面で違いますが、絵本を好きになる、という点は同じにしてあげられるのです。

絵本は丸ごと子どもの血となり肉となる

『おふろでちゃぷちゃぷ』　松谷みよ子　さく　いわさきちひろ　え　童心社

「あひるちゃん　どこいくの?」「いいとこいいとこ」「あれ?　せっけんもった　ねえ　どこいくの?」「いいとこいいとこ」……「わかった!　おふろだ!」「まってまって」「いまセーターぬいだとこ」「はやくはやく」……「まってまって」「いまパンツぬいだとこ」……「おふろでちゃぷちゃぷ」「せっけんぶくぶく」「おふろぼくだーいすき」「あたまあらってきゅーぴーさん」

という温かい言葉の掛け合いの絵本、会話を楽しむお話です。赤ちゃんに次に与えたい絵本は、この会話を楽しむ絵本です。まだしゃべることができないからといって、与えおしみしないでくださいね。

美しい言葉をお母さんから赤ちゃんに注いであげないと、赤ちゃんは生きていけないのです。でも、大人は忙しい。日々疲れています。ですから、絵本に頼って美しい言葉を注ぐのです。美しい言葉をまだ話せない時期から、たっぷり注いであげる。子どもは、幸せな親子の姿を温かい会話の絵本で、そのすべてをただ聞くだけでなく、体のなかに蓄えていくのです。

こんなことがありました。次男が四歳の冬のことです。お風呂場の方から、こんな掛

け合いが聞こえてきました。「早く早く〜」「まってまってえ、今セーター脱いだとこ」「早く早く〜」「まってまってえ」「今ズボン脱いだとこ」。そうです。この絵本そのままを妻と次男が演じているのです。もう二年も前に読んでもらった絵本の言葉が、日常のなかで、ひょっとするとぶつかり合ってしまう「早くしなさい！」という状況を、ユーモラスに楽しいものにしているのです。絵本の世界は、覚えるものではありません。「絵本の言葉を子どもは食べて育つんですよ」ともいわれます。その通りなのです。

また、長男が二歳のころでしたが、朝、私がおなかの調子が悪く、彼の前で、妻に「おなかがゴロゴロするんだよ」と言ったことがありました。するとすかさず長男が、「パパ、おおかみみたいだね」と言うのです。「おおかみと七ひきのこやぎ」の絵本のなかで、確かに狼はこう言っているのです。寝ている間に丸呑みしたこやぎたちが助けだされ、代わりに石ころをつめられたことに全く気づかず目が覚めた狼。おなかが石ころで一杯なので、「おかしいな？　おなかのなかで、ごろごろがらがらいうやつはなんだろう。こやぎが六匹と思っていたが、なんだか石ころみたいだぞ」と。

「暗記」のように覚えているのではありません。絵本が、丸ごと子どもの血となり肉となっているのです。大好きな絵本に囲まれて育った子どもの血と肉は、絵本でできているのです。つまり、その体には《幸せ》がぎゅっとつまっている、ということなのです。

十二　絵本とのつきあい方

子どもが自分で気づくまで待つ

『くだもの』　平山和子　さく　福音館書店

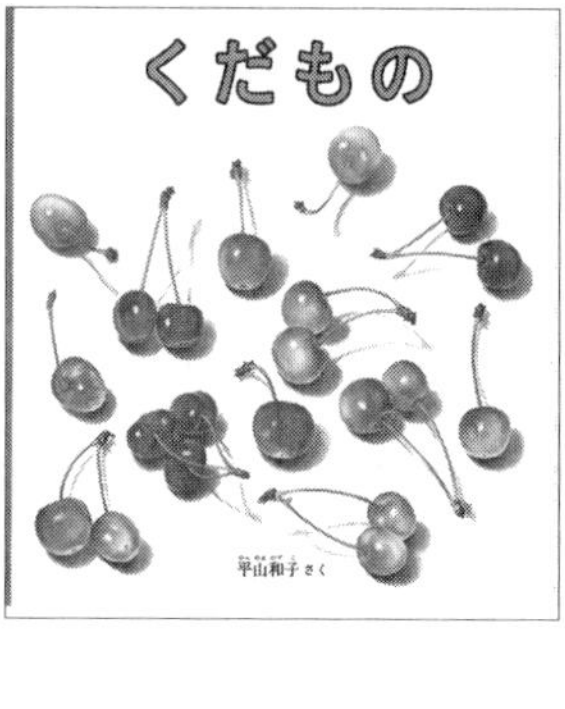

平山和子さんのこの絵本、果物が次から次へと出てきます。「すいか」「さあどうぞ」「みかん」「さあどうぞ」「りんご」「さあどうぞ」を繰り返していきます。これだけを書いていると「ものの名前」を教える絵本だと思われてしまいがちですが、それは違います。写実的でまるでそこに存在しているかのように繊細で美しい絵を、平山さんはそんなふうには使ってはいないのです。伝えたいのは母親の愛情です。「さあどうぞ」と差し出されるとき、果物は、もう、あとは口を開けるだけ、きれいに洗われ、ちょうどよい大きさに切られ、ときにはフォークにさされて差し出されているのです。だから、子どもた

ちは思わず口をだして「あーん」と受け取るのです。ページを開いて初めて気づくことです。

長男がこの絵本を大好きになってしばらくして、少しずつ言葉を発するようになっていました。いつもの通り、私は長男の前にこの絵本を差し出し、興味をもってくれたのを確かめると、彼に読み始めました。梨のページに来たときです。ケタケタと穏やかに笑いながら、「うんごぉ」と声を上げたのです。また、読み進むと、今度は柿のところで柿の絵を指差しながら、また「うんごぉ」と言っています。その様子は、明らかにリンゴと錯覚しているものでした。みなさんなら、こんなときどうしますか？

私はある絵本の勉強会で講師がおっしゃっていたことを思い出したのです。「書いてあることを書いてある通りに読むこと、子どもが間違えても、否定してはだめ」と。そこで、その通りにしました。そのまま、間違いを否定せずに、何度も読んであげました。そ数回ではなく数十回、いや、もっと繰り返し読んであげました。そしてあるとき、彼は気づいていたのです。リンゴはリンゴ、柿は柿、梨は梨というように。絵本では教えない。読みっぱなしでいいのです。

これは、いわば実験でした。息子たち、二人とも実験しました。そして、我が家だけでなく、一緒に絵本の研究をしていたすべての園の乳児のクラスでも実験しました。

「書いてあることを書いてある通りに読むこと。子どもの間違いを指摘しないこと」

ところがです。この「くだもの」の絵本を読んでもらった子どもたちは、誰ひとり、この絵本で果物の種類を教わらなかったのにもかかわらず、小学校に上がるときに、梨、柿、リンゴの区別をつけられない子どもはいなかったのです。数十人ではなく、数千人の子どもたちです。これは、子どもたちが知識を身につけるのは、絵本からではなく、生活からだということを示しているのです。子どもたちは、めぐる季節のなかで、春になれば春の果物に、夏になれば夏の果物に出会います。スーパーの棚からお母さんが手渡してくれるイチゴの香り、夏になれば大きなスイカがなまあたたかいまま家にやってきます。流しで冷やしているのを見ていると、お母さんが、ときにはお父さんが切ってくれて、瑞々しいスイカの果肉が現れます。秋になると梨が登場し、手渡されるとチクチク、ざらざらしています。お母さんが芯を残したまま切ってしまうと、「苦いからキライっ」というちょっと嫌な体験もします。おわかりいただけますね。子どもたちは果物を五感を通して感じ、受け止めているのです。リアルな実体験が、「梨」は梨、「柿」は柿という知識を子どもたちに育てているのです。

絵本で教えても、五感を通してはいないのです。絵本で教え始めると、子どもたちは大人の顔色をみるようになります。どうしたら、この大人は機嫌がいいんだろう、と。

ここで「リンゴ」といえば、この人の目は輝くんだ、という浅い浅い理由で、まるでよくわかっているかのように振る舞っているのだとしたらどうでしょう。絵本で教えることは、子どもの意欲を損ねます。子どもは本来、知識に対しての欲求をもっているのです。自分で見つけること、発見すること、気づくこと、知ること、わかること。ですから、大人が先取りするのではなく自分で体験することが、子どものときはささやかな発見でも、そのささやかな発見で自信をもった子どもたちは、大きな発見や発明への意欲を開花させるのです。ささやかな発見をしたわが子に、敬意をもって接してみましょう。子どもたちはまるで、博士か学者になったかのような嬉しそうな表情を浮かべます。ノーベル賞を受賞する偉大な科学者も、最初はみんな、このささやかな発見から始めているのです。

さあ、手を伸ばして、絵本の果物を子どもたちに差し出してあげましょう。子どもたちが美味しそうに口を伸ばして来たら、もうそこには豊かな想像力が育ち始めているのです。そこでは実在しない果物を体験と記憶のひきだしから引き出して、空想して遊んでいるのですから。

子どもに質問しない

「梨はどれかな?」とか、「スイカはどれ?」と子どもに言うのも同じです。先ほどの「ねこがいっぱい」でも、「あ、細い猫いるじゃん。ねえねえ、細い猫ってどれだっけ?」などと言わないでくださいね。確かめたくなる気持ちはわかります。でも、大丈夫です。子どもは好きになれば、自分から言いたくなるときがくるのです。自己決定させてあげてください。ここで大人が口をはさむと、残念ですが、それは絵本嫌いを育てることになってしまいます。親が無理やり子どもの心を開こうとすると、つまり、絵本の反応を確かめたいと思うと、子どもは疲れてしまうのです。

絵本でしつけはしない

『おはよう』『おやすみ』
なかがわりえこ　さく
やまわきゆりこ　え
グランまま社

主人公のおひさま、歯磨きから朝を始めます「おひさま　はんぶん　めを

あけた」「おおきいあくび」「はをみがきましょ」「かお　あらいましょ」……「おはようおはよう　みんなおはよう」

単純なストーリー。でも歯磨きを教えるにはちょうどいい？　いえいえ、絵本でしつけるのはやめておきましょう。「〇〇ちゃんも、おひさまみたいに歯を磨きましょ」なんて言うと、子どもも賢いもので、この絵本が出てくると、「ママは歯磨きしましょっていうオチにもっていくんだな」と次第に気づいていくのです。気づかれたら最後、絵本はママの味方で僕の味方ではないぞ、ということになって、しまいには、絵本嫌いにさせてしまうのです。書いてあることを書いてある通りに読む。子どもの反応はすべて受け止めるのです。でも、歯磨きを教えてはいけないといっているのではありません。絵本に頼らなくても、信頼関係ができている親子の間では、しつけはしつけで向き合っていいのです。絵本をしつけの逃げ場にしてはいけません。しつけは絵本抜きで、子どもと向き合いましょう。そのほうが、子どもが自分から、たとえ言葉に出さなくても、いずれできるようになれば、「僕もおひさまみたいに歯磨きできるよ」となるのです。しつけ＝大人の要求として子どもに伝えつつも、できるようになるまで、待ってあげること。これが自己決定、すなわち自律性を育てるのです。

見通しが育つ

『スモールさんはおとうさん』　ロイス・レインスキー　ぶん・え
わたなべしげお　やく　童話館出版

スモールさんのお話は、淡々と進みます。「スモールさんは家族とお買い物に行きます」「スモールさんは○○します」「スモールさんは○○します」が延々と続き、スモールさんのいわば、普通の生活が紹介され続けます。

この絵本も息子たちが大好きでした。日本語の美しさは「響き」だけではありません。その美しい論理性がこの絵本の文体となっています。こういう絵本は、対象年齢よりちょっと早めでも、いいタイミングがやってくることがあります。「どうして？」「どうして？」と何でも不思議に思う時期。納得いくまで質問をやめられなくなる時期です。お話が長くても、何かしらの魅力のある絵本は長く聞いていられるものなのです。でももちろん、飽きてしまうようならやめていいのです。

十三　昔話は本物を読む

言葉による「物語」

昔話とは何でしょうか。生きる希望と知恵の伝承です。昔話は、口承文学、つまり文字で書かれたものではなく、人から人への口伝えの文学です。大人になることさえ難しかった時代、そして、戦争の犠牲、飢饉や天災、盗賊の危険、疫病など、あげればきりがないほど、生きていくことが厳しかったその昔に、名もない民が、生きる希望と知恵として伝えたのです。昔話は世界中にあります。世界中どこでも、誰もがみな、生きる希望と知恵を子孫に託すときに、言葉による「物語」を伝えていくという方法が選ばれてきたのです。物語は子どもたちの小さな心に希望を与え、それによって人は生きる力を得ていたのです。

では、現代に昔話はもう必要ないのでしょうか。物質的には豊かになったのかもしれませんが、むしろ、今の子どもたちのほうが、精神的には追いつめられているのではないでしょうか。

本物の昔話

昔話は本物を読んであげましょう。本物とはどんなものでしょう？　誰かが書き直したものではなく、昔から伝わる「本物」です。

『三びきのこぶた』　イギリス昔話　瀬田貞二　訳　山田三郎　絵　福音館書店

「三びきのこぶた」で最後に狼はどうなるのでしょうか？

狼は一匹目のこぶた、二匹目のこぶたの家を吹き飛ばしてこぶたたちを食べてしまいます。だから、三匹目のこぶたは、命がけで身を守ります。狼がやってくると、ことあろうに三匹目のこぶたは、逆に狼をだますのです。それも、三日続けてだますのです。簡単に食べてしまえるはずのこぶたに三度もだまされた狼は、頭にきて、三匹目のこぶたのレンガの家の煙突から家に入ろうとするのです。それを見て三匹目のこぶたは、ぐつぐつと鍋を煮立てて、狼をどぼんと落として煮て食べてしまったのです。

ある小学校の先生が、「たとえ悪いことをしたとは

いいえ、子どもたちにこんなひどい仕打ちのお話を読んではあげられない」と言っていました。確かに、恐ろしいお話です。こんな残酷なお話を子どもに聞かせてはいけない、ということでたくさんの結末の「三匹のこぶた」の絵本が生まれてしまったのです。

でも、お話の世界、空想の世界です。生きる知恵の根源は、生きる希望です。希望がなければアイディアは生まれません。自然の営みのなかでは、狼と豚とでは、豚が弱いに決まっていますね。その豚が、知恵を用いて、生きる術を見いだしているのです。何度でも、食べようと狙ってくる狼を滅ぼして、平和を手に入れたのです。

ある著名な児童文学者は、出版に関わっていたご自分に対しての反省の念も込めてこう言いました。

「どうして子どもが凶悪犯罪に手を染める事件が増えてきたのか。それは、大人が子どもに、昔話で学ぶべき、善と悪とをはっきり伝えなくなったからだ」

昔話の善悪は単純で、悪が滅びるのです。純粋な心をもつ幼いときに、このことをはっきりと伝えていた昔話をゆがめてしまって、悪者も生き残る物語にしてしまったので、心に悪いことをしてはだめなんだ、という善悪のけじめが育たなくなったのだというのです。本当に、その通りだと思います。むしろ、悪が滅びることが、子どもに取って安心な物語なのです。

子どもたちは、多かれ少なかれ、生きていく上で、人間関係で傷つくときがやってきます。いじめられることもあります。災害や病気もあるでしょう。現実の世界で、いじめる相手は、明日もいじめにやってくるのです。幼児期や、学童期だけはありません。いじめや人間関係、災害や事故や病気は、いつ理不尽な状況を自分にもたらすのか、誰にもわからないのです。自分に悪意をもつ人は明日も悪意をもつでしょう。学校や職場も、どうにもならないことのほうが多いのです。ですが、いじめる相手、対立する相手を殺したり、傷つけたりして解決するでしょうか? しませんね。自ら命を絶ちますか? とんでもありません。でもいじめられ、傷つけられ続けると、希望を失い、子どもであっても大人であっても、追い込まれていってしまうのです。ですから、現実ではないお話の世界、昔話の世界では、悪が滅びて弱いものが生き延びる、という「空想の物語＝ファンタジー」が必要なのです。現実でなくてもいい、でも、希望があるのだ、という気持ちです。ところが、希望をもつと人は変わることができるのです。求めるところに道は開かれるのです。根拠は要りません。根拠のない希望が必要なのです。

『おおかみと七ひきのこやぎ』　グリム童話　フェリクス・ホフマン　え
福音館書店

「おおかみと七ひきのこやぎ」を描いたドイツ人画家ホフマンは、医者でした。ところが、わが子が、その当時の医学では、助けられない病になったとき、この絵本の絵に、願いを込めたのだそうです。私の力では、子どもの命を助けることができない。その無力さを強いお母さんやぎに託したのです。表題のページに描かれている、針と糸とは、人間の知恵を象徴しているのだそうです。

狼を病気にたとえて、どんな悪い病気でも、母の愛と知恵とで打ち勝てるんだ、と信じようとしたのです。だから、このお母さんやぎは、子どもたちが狼に食べられてしまったと聞いても、狼に向かっていきます。何ができるかわからなくても、勇気をもって近づいていくのです。涙で打ちひしがれながらも、冷静に、狼のおなかの中で、子どもたちが生きているのを見極めるのです。そして、二度と子どもの命を危険にさらさないように、狼を滅ぼすのです。昔話の世界の「悪」は、私たちが考えているほどなまやさしくはありません。あの狼は、こやぎたちの父親をも殺して食べてしまっているのではないか、そう絵本は暗示しています。お母さんからすると、夫を殺し、子どもを狙うとんでもない存在なのです。

子どもたちに、本当の希望を与えましょう。何百年も伝えられてきたもの。そして、世代を超えて生きる希望を与え続けてきたもの。そうです。それが「本物の昔話」です。

昔話は大好きな人と一緒に

ある保育園で、絵本の読み聞かせの指導をしたときのことです。年長さんのクラスで、福音館書店の「うまかたやまんば」を子どもたちの前で開きました。さあ、今から読み始めましょう、というときのことです。いちばん前に座っていた男の子が、すうっとその場を立ちました。そしてその子は、クラスの担任の先生の膝の中に入ったのです。後から聞いた話ですが、この男の子はうまかたやまんばの絵本が大好きだったそうです。何度も何度も読んでもらっていて、お話をよく知っていたそうです。もちろん、そのお話の恐ろしさもです。怖いお話でも、昔話は子どもの心を捉えて離しません。弱いものが強い、悪いものに勝つ、子どもたちにとって面白いお話だからです。

ところが、いつもは女性の担任の先生から聞いていたのに、今日は私＝「男の人」が読むんだ、とわかったとたん、想像するだけで怖すぎて、一人では聞いていられなくなったようなのです。特にその日は、たくさんの絵本を部屋で読み続けるという特別な実験の日でした。絵本に飽きたら外に行ってもいいからねと、子どもたちに伝えていたこともあり、外に出てもよかったのです。部屋から出てしまってもよかったのに、先生のお膝に入って、最後までこの怖い昔話を聞いていたのです。

昔話は、大好きな人がいるところでしか、聞けないお話なのです。守ってくれる人が読んでくれないと、怖くて聞けないのです。こういう関係を幼児期、学童期に確かめられることは素晴らしいことです。怖いけど聞きたい、聞きたいから大好きな人に、一緒に聞いてほしい、あるいは読んでほしい、と思うわけです。昔話の読み聞かせを通して、大人と子どもの絆が深く、強くなっていくのです。

「かちかちやま」も、とても恐ろしいお話です。本物の「かちかちやま」は、世界でいちばん恐ろしい昔話といってもいいくらいです。でも、だからこそ、ウザギが、徹底的に仇をうつのです。そしてタヌキという悪は滅びていくのです。子どもの純粋な心に、「正しいことは正しい」ということがきちんと根を張るだけの印象を与えるのです。

よい絵本に描かれる昔話の世界は血生臭くありません。その出来事を象徴的に描きます。残虐、残酷には描写しない。子どもがその空想の世界で、象徴的に想像できるような表現で、昔話の世界を見事に描いています。

昔話のなかに出てくるものが知らないものだらけなので読めません、と心配する必要はありません。たとえば、うまかたやまんばを描いた赤羽末吉さんは、一冊の絵本を書くのにゆうに五年、十年をかけた人です。その時代に正確に、なおかつ、子どもへの愛情をもって、象徴的な世界を子どもが受け止められるように描写したのです。その物語全体を、文章だけで想像できない世界を、絵で表現したわけです。昔話のなかには、子どもたちがまだ出会っていないものもたくさん登場します。それも心配ありません。絵本は最初から最後まで、そのまま心に刻まれて残るのです。今は「茅葺き屋根」を知らなくても、絵本では、その言葉と絵とをあわせて、そのまま心にとどめています。何年後でも、実際の茅葺き屋根に出会ったとき、「ああ、これが茅葺き屋根なんだ」と思うのです。あまりにも自然に心に刻み続けているので、いちいち言葉にしたりはしませんけれど、絵本の世界は文章と絵と、それを伝えた声とが一セットになって、子どもの心に温かい場所を広げているのです。

それぞれの年齢にふさわしい昔話を子どもに寄り添って読んであげてくださいね。

『うまかたやまんば』『かちかちやま』
おざわとしお　再話　赤羽末吉　画
福音館書店

十四　一冊の絵本から広がる世界

字が読めなくても大丈夫

長男が小学校六年生のときのことです。ＰＴＡ会長の役をお引き受けしました。会長になってまもなくのことです。校長先生直々にお招きを受けました。息子たちが、何かご迷惑をおかけしたのではとおそるおそる校長室をお訪ねすると、校長先生、教頭先生ともうひとり初めてお目にかかる女性の先生が私を待ってました。「藤田さんに相談があるのです」と切り出されたのは、子どもたちの本離れを食い止めたい、というお話でした。息子たちがことを起こしたわけではなかったので、ほっとしつつも、こちらの話も深刻でした。その方は、図書館司書を担当する先生でした。

年々、図書館の利用が減り、子どもたちの読書離れを食い止められない、とおっしゃるのです。実際、子どもたちの本離れ、読書離れは全国的に続いているのだと説明を伺いました。

子どもたちは、どうやって本好きになるのでしょう？　子どもが小学校に入る前、特に、読み書きのことでは多くの親が心配しますね。心配しすぎて、本嫌いにしてしまっているる傾向があるのです。

息子たちには、小学校への入学までの間、文字の読み書きを教えませんでした。息子たちが入学した小学校の先生は、「文字の読み書きは小学校に入ってから教えますから」とおっしゃっていました。ですが、息子のまわりの子どもたちは、小学校に入るずっと前から、文字を習おうとしていました。校長室での先ほどの話は、つまりその結果、本好きにはならない、ということなのです。

文字が拾い読みできるようになる、あるいは、何かの文字を読めるようになると、大人は「もっともっと」とつい、文字を教えようとします。それを絵本にまで広げてはいけないのです。文字が少しわかるようになったら、「もう字が読めるんだから」と突き放してしまいがちです。せっかく絵本好きになっても、ここがUターンのポイントなのです。四歳や五歳で、読めるのはどの程度でしょう？「うまかたやまんば」なら、「昔あるところに」などとは読めません。「む」「か」「し」「あ」「る」「と」「こ」「ろ」「に」と、字を拾い読みするのが精一杯。それくらい読めれば、その年齢の子どもなら十分です。ところが、これではお話の世界を全く空想できなくなってしまうのです。子どもたちは、耳で聞いて、絵を手がかりにして絵本の世界を空想します。その想像力はどんどん育っていって、動いていない絵本の世界が、まるで動き出したり、白黒で描かれている絵本が、思い出すとカラーで空想していたり、より具体的に、より広がっていくのです。それはまるで、春から夏にかけてぐんぐん伸びる朝顔やひまわりのようです。

ところがわくわく胸をときめかせて、想像力を広げ始めようとするその前、想像力の芽が芽生え始めたころに、「自分で読みなさい」となるわけです。子どもの将来を思い、よかれと思って、大人が読んであげることを拒んでしまうのです。確かに字は早く覚えられるようになるでしょう。でもそうなったころには、もう読んでもらえないのなら、「お話の世界はもうけっこう」となっているのです。よい絵本の絵には、物語が溢れています。文章で描かれていない世界がたっぷりと、まるで子どもたちへのご褒美のように待ち構えていたはずなのです。赤ちゃんの絵本の『ぴよぴよぴよ』ですら、絵からしか見えない世界が待っているのですから。

『おおきなかぶ』の絵本を保育園で読み聞かせたときのことです。ある年長クラスの女の子が、私の読み聞かせで、あるページまで来たところで「あっ抜ける！」と思わず叫んだのです。

字を読めるようになって、自分で『おおきなかぶ』を読んでいたそうです。「もう私は字が読めるから、先生聞いていて」と言って、先生からは読んでもらったことがなかったそうです。ところが、『おおきなかぶ』の絵を見ると、確かに、抜ける直前が、絵だけでわかるページがあるのです。絵を見て空想する力は、四、五歳から伸び始め十歳、十二歳まで伸び続けます。だから、その時期は、聞いて想像することが子どもたちにとってはとても楽しいのです。ぜひ、十二歳までは、耳で聞くお話を楽しむ時間をつくってあげていただきたいと思います。

自分で読んではいけないのではありません。車輪の両輪のように、絵本を耳で聞く楽しみと、自分で読んで楽しむこととを並行して経験させるのです。そうすると、夏の朝顔やひまわりのように、想像力という花が、きれいに、そして立派に咲いてくれるのです。

『おおきなかぶ』　ロシア民話
A.トルストイ　再話
内田莉莎子　訳　佐藤忠良　画
福音館書店

「わくわくする力」を育てる

福音館古典童話シリーズに『アーサー王と円卓の騎士』という本があります。ぜひ、この本ぐらいまでは読めるようにしてあげてほしいと思っています。「アーサー王」という映画は聞いたことがあるかもしれませんが、その原作です。ふつう王様というのは、高いところ、王座にいて、家来を見下ろすものです。ですから、部下、家来が、何かを提案するときも下から上に伺う。こういう関係が王様と家来の関係。ところがアーサーは王だったにもかかわらず、騎士たちを尊重して、同じ高さの円いテーブルで、騎士のひとりとして話し合いをしたのです。ですから、「円卓の騎士」と呼ばれているのです。この円卓というのは、その後歴史的にいろいろなところで出てきます。戦争をして敵味方に分かれたり、あるいは、隷属するものと、支配する関係であったりして、それを終えて、私たちは対等になるんだというときは、必ず円卓で会議をするようになったのです。「円卓会議」といわれています。

この本は、ざっと四百二十七ページです。課題図書だったとしたら、文字とページの多さだけいうと、「大変」といわれるでしょう。でも、無理に読ませるようなことはしなくていいのです。

私は、いろいろな研修の仕事もしています。長男が四年生、次男が年長のときのことです。次男は保育園に預けていましたが、長男を連れて研修に行くことになりました。

その日の朝、長男に言いました。「今日はね、朝から夕方までの長い研修なんだよ。だから、今まで読んできた絵本を少し多めに持っていきなさい」そのとき、彼が手を伸ばしたのが、私の本棚にあった、『アーサー王と円卓の騎士』でした。「おいおい、この本、読んだことないだろう。こんなに長くて字ばっかりの本だよ。いいのかい？」と言ったら、すかさず彼は言いました。「平気だよ」と。そして、お手伝いをしていたとき以外は、朝から夕方まで、ずっと読みふけっていたのです。その後、彼は「アーサー王」をかわきりに、古典童話シリーズを読破していくのです。

前にも書きましたが、長男と次男は性格が違いますが、同じように絵本の読み聞かせをしてきました。次男は小学校を卒業するまで本の読み聞かせをしてきましたが、自分で本を読むことは全くしませんでした。妻は、とても心配しました。「本好きになるはずじゃないの？」と。でも、本好きになるかどうか、は子どもの自由です。そこは諦めてください。本を好きにする、好きにしないということは、大人が決めることではありません。子どもの性格を大人が決めることができないのと同じです。

次男は長男に比べると、確かにあまり本を読みませんでした。ご近所のお友だちからおさがりでいただく漫画という漫画は全部読んでいましたが、本は読まなかったのです。ところが面白いことがありました。「ハリーポッター」がブームになったころのことで

『アーサー王と円卓の騎士』
シドニー・ラニア　編集
N・C・ワイエス　絵
石井正之助　訳
福音館書店

す。長男は新しい「ハリーポッター」が発売されると、一週間後にはそれを読み終わっているような子でした。

次男はそんな「ハリーポッター」の物語には当時、見向きもしていないかのようでした。負けず嫌いな性格もあって、お兄ちゃんが好きな物語を真似ているとは思われたくなかったようです。「僕は読まない」と言っていたのです。そのうちに、「ハリーポッター」は映画になりましたね。毎年、映画が終わると、長男の部屋の本棚に並んでいたはずの「ハリーポッター」の既刊の本が部屋の真ん中に立て積みになっているのです。どうしたのかと思ったら、映画を観た次男が読み始めているというのです。その後、次男は一冊ずつシリーズを読み終えました。現在、彼は高校生ですが、推理小説をよく読んでいます。

本好きになることを強制はできません。読みたいという気持ちが高まって、初めて読めるということを知ってほしいわけです。ですが、本を読む力は、文字を読む力ではなく、空想の世界をイメージできる力、「わくわくする力」がないと育たないのです。絵本と物語をたっぷり読んであげて、子どもたちに

『ハリー・ポッターと賢者の石』
J.K.ローリング　作
ダン・シュレシンジャー　表紙画
松岡佑子　訳　静山社

わくわくする力を育ててあげてほしいのです。

絵本で幸せが広がる

子どもたちを何冊の絵本と出会わせたらいいのでしょうか。アメリカの児童図書館では、小学校に入るまでに五百冊の絵本に出会わせてくださいといっていたそうです。そのなかには、赤ちゃんの絵本にはじまり、創作の絵本があり、科学の本あり、昔話があり、言葉遊びがあり、童話があり、いろいろな本に出会わせるということです。キャラクターの絵本を五百冊読んだから、五百冊ということではありませんよ。多様な作家の多様なジャンルの本に出会わせることが大切なのです。だから図書館、保育園、幼稚園、児童館、そして、家庭。いろいろなところで出会わせてください。五百冊の本に出会うことは、五百人の人に出会うということなのです。

自分の心のなかに、絵本で育った希望を持つ子を育てたとしたら、その子どもは、自分のまわりを明るく照らす光のような存在になるでしょう。小学校で出会う友だちやクラスメートのあいだでも、中学校、高校、大学へと進学してもです。一人の子どもを幸せに育てることで、その子どもが出会う、百人、もしかすると千人を幸せにすることができるのです。

それが、絵本のもつ希望の力です。絵本の力を信じましょう。

絵本との三度の再会

子どもたちは、自分が大好きになった絵本をいつまでもそばに置いておきたいと思うようになります。なぜでしょうか？　子どもたちは、三度絵本に再会するときがくることを本能的に知っているからです。だから絵本を自分の傍に置いておきたいのです。

一度目の再会。それはまだ、絵本を読んでもらっている時期にやってきます。子どもたちは、大人に読んでもらって大好きになった絵本を、大人に「読んで」とも言わずに、一人で開いていることがあります。字が読めなくても一人で読んでいるのです。なぜ、字が読めなくても絵本を開けるのでしょう？　そのとき子どもには、読んでくれた大人の声が、記憶のなかから聞こえてくるのです。読んでくれた声の記憶を頼りに、絵本の世界を楽しんでいるのです。

二度目の再会。それは絵本を自分で読めるようになる学童期から思春期、あるいは青年期に訪れます。子どもたちは、成長の過程でときどき不安と向き合います。卒業、進級、友だちとの別れ、家庭や環境の変化、進学や就職……自立。今の自分が不確かだと感じるとき、確かなものに頼りたくなるのです。その「確かなもの」、それが絵本の記憶です。なぜなら絵本は自分が誰かに愛されたことの証だからです。親の膝に入ってその温もりを感じながら、時間を忘れて楽しんだ記憶に偽りはありません。人生でぎゅっと縮こまりたくなったときには、いつでも絵本に帰りたくなる。そして、帰る絵本の記憶をもって大人になった人は、幸せなのです。

三度目の再会は、自らの子育てのはじまりとともに訪れます。自分が親になったときです。初めての子育ては誰しも不安なもの。小さな命と向き合い、この子に何をしてあげられるのだろうと途方に暮れようとするそのときです。そのとき、自分が愛された記憶が目覚めるのです。そうだ、あの絵本を読んでみよう、と思い起こすのは、決まって読んでもらった絵本です。人は、読んでもらった記憶がある絵本を、読んであげたいと思うようになるのです。

ですから、子どもたちが大好きになった絵本は、子どものそばに置いてあげましょう。私たちが気がつかない間にも、子どもたちは絵本との再会に励まされながら、成長していくものだからです。それぐらい絵本は特別なものなのです。親になったときに、自分が読んでもらった絵本を、自分の子どもに読んであげること以上に素晴らしいことはありません。

二十年後を見つめて　―エピローグにかえて―

二〇一四年、おかげさまでカルテットは十周年を迎えました。この十年間を温かく見守ってくださったみなさまに、心からお礼申し上げます。

私が木のおもちゃに出会って二十二年になります。その間に世の中はいろいろな面で便利になり、「手間がかかる」ことは敬遠されるようになりました。でも、子育ては「手塩にかける」ことに変わりありません。たくさんの愛情を注ぎ、手間をかけることが必要なのです。お世話して、そして遊んであげること。大人の愛情は「おもちゃ」「絵本」という形に姿を変えて、子どもたちと大人との間に現れます。大人が遊んで見せ、子どもが夢中になり、そして上手に遊ぶようになり、それを大人が確かめる。これを繰り返しながら、思春期を迎え、大人への入り口へとともに歩いていくのです。

世の中の一部には、子どもの幸せを誤解している大人がいます。最近はスマホやアプリが使えるようになることが、子どもの幸せであるかのように思う人がいますね。くれぐれも気をつけてください。「自制心」が育つことなく与えられたスマホやアプリは中毒に、そしてときには凶器になることさえあるのです。まずは自制心を育ててあげてください。それは、よいおもちゃと絵本をちょうどよいタイミングで与え、楽しいことの自己決定を積み重ねて、正しい満足感を育てることによるのです。

十年前に赤ちゃんだった子どもたちが、今は小学生になって、おりきやドールハウスの家具、ドイツのゲームを買いに来てくれます。カルテットの店内にあるいつもの円いテーブルで、親子でゲームを選んでいる様子を見ながら、子どもたちに「正しい満足感」が育っているのを確かめさせていただいています。

そして、子どもたちはやがてママやパパになり、いずれ孫が生まれます。みなさんが子どもたちに与えたおもちゃと絵本は、孫たちと遊ぶおもちゃや読む絵本になります。そのときは、「あなたのママ（パパ）もこのおもちゃで遊んだのよ」と言葉をかけてあげてください。きょとんとする赤ちゃんの隣で、ママ（パパ）になったあなたのお子さんが、嬉しそうに微笑んでくれるでしょう。今から十年後、二十年後にそんな温かな会話をしていただけるように、これからも世界中からよいおもちゃを見つけてこようと思っています。

出版にご尽力くださいました、ゆいぽおとの山本直子さんに心からの感謝を込めて。

藤田　篤（ふじた　あつし）

一九六六年、青森県弘前市生まれ。北海道大学で発達心理学を学ぶ。卒業後、大手繊維メーカーに勤務するが、絵本の素晴らしさを伝えたい思いが募り退社。愛知県で絵本の販売に携わる。長男の誕生をきっかけに、絵本とおもちゃ、遊びをテーマとして家庭で実践と研究を始める。

二〇〇四年、「絵本とおもちゃのカルテット」を愛知県刈谷市にオープン。以来、幼稚園、保育園、小学校など、のべ一五〇〇か所以上でおもちゃ、絵本、子育て、保育環境の研修を開催。講演、研修は年間二五〇件を超える。一方、ドイツ、スイスなど本場のおもちゃメーカー、教育現場との交流、視察研修を続ける。

二〇一四年、知育玩具インストラクター養成講座を開講、全国に二〇〇名の認定講師を輩出し、その活動を指導している。

有限会社カルテット代表取締役社長。

一般社団法人日本知育玩具協会理事長。

◇おもちゃと絵本のカルテット
http://www.quartett.jp/
◇一般社団法人日本知育玩具協会
http://www.edu-toy.or.jp/

表紙カバー絵　照喜名隆充
装丁　金清美（アトリエ・ハル）

子育てを感動にするおもちゃと絵本
２０１４年３月28日　初版第１刷発行
２０２５年２月26日　初版第６刷発行
著　者　藤田　篤
発行者　ゆいぽおと
〒４６１－０００１
名古屋市東区泉一丁目15－23
電話　０５２（９５５）８０４６
ファックス　０５２（９５５）８０４７
http://www.yuiport.co.jp/
発売元　ＫＴＣ中央出版
〒１１１－００５１
東京都台東区蔵前二丁目14－14
印刷・製本　モリモト印刷株式会社
内容に関するお問い合わせ、ご注文などは、すべて右記ゆいぽおとまでお願いします。
乱丁、落丁本はお取り替えいたします。

ISBN978-4-87758-446-7 C0037

ゆいぽおとでは、
ふつうの人が暮らしのなかで、
少し立ち止まって考えてみたくなることを大切にします。
テーマとなるのは、たとえば、いのち、自然、こども、歴史など。
長く読み継いでいってほしいこと、
いま残さなければ時代の谷間に消えていってしまうことを、
本というかたちをとおして読者に伝えていきます。